Build It!

Make Supercool Models with Your LEGO® Classic Set

VOLUME 3

Jennifer Kemmeter

GRAPHIC ARTS
BOOKS®

Contents

Airport Adventure

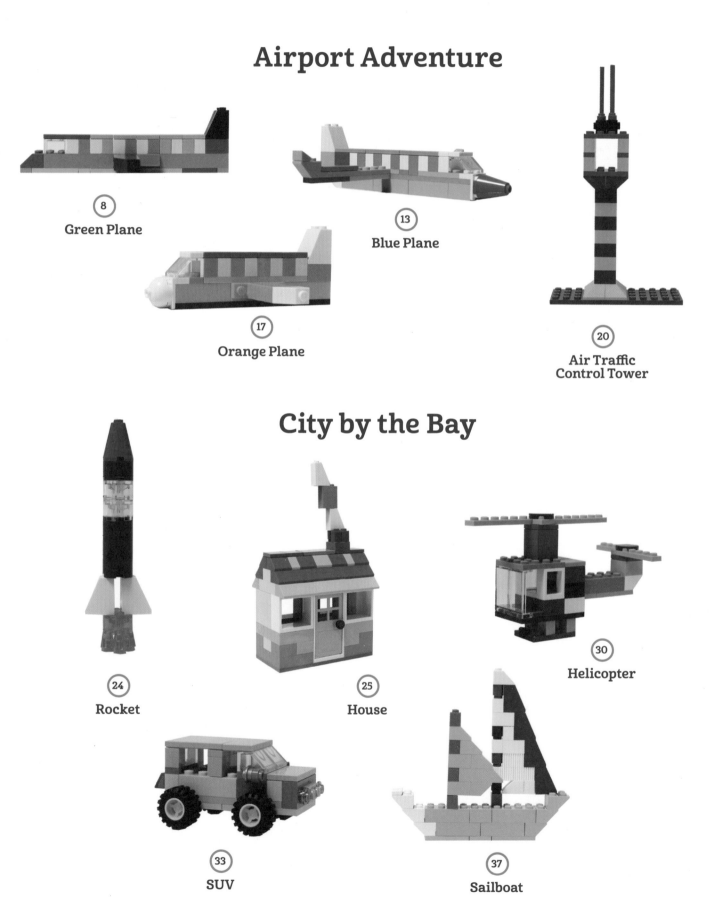

City by the Bay

African Safari

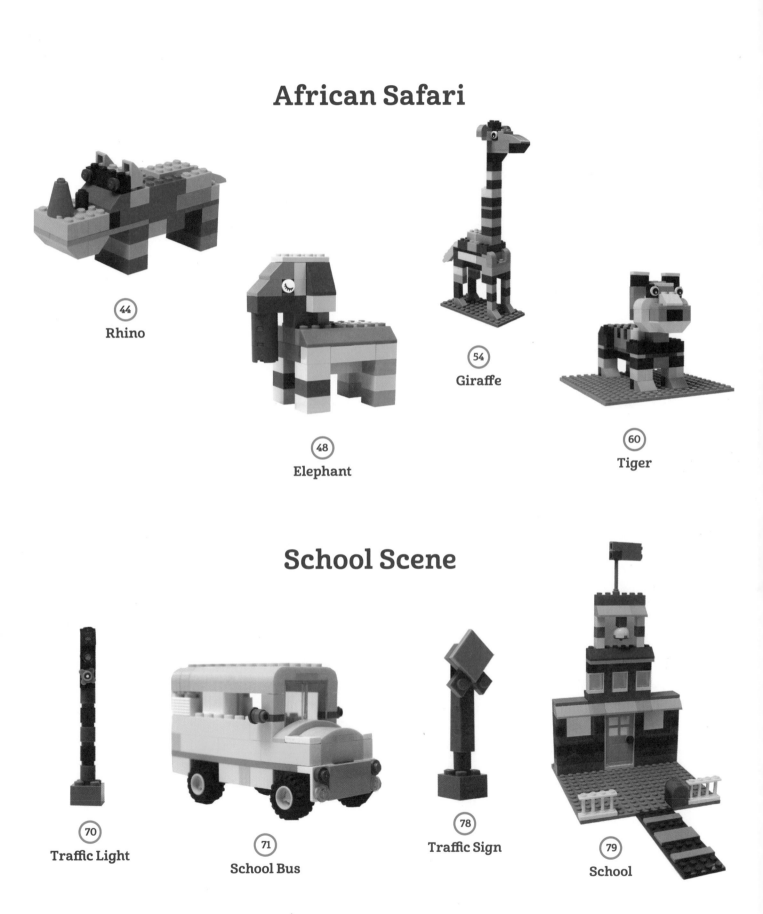

44
Rhino

48
Elephant

54
Giraffe

60
Tiger

School Scene

70
Traffic Light

71
School Bus

78
Traffic Sign

79
School

How to Use This Book

What you will be building.

A photo of what your finished rhino will look like.

Build a Rhino

An illustration of the finished rhino that looks like the pictures in the steps.

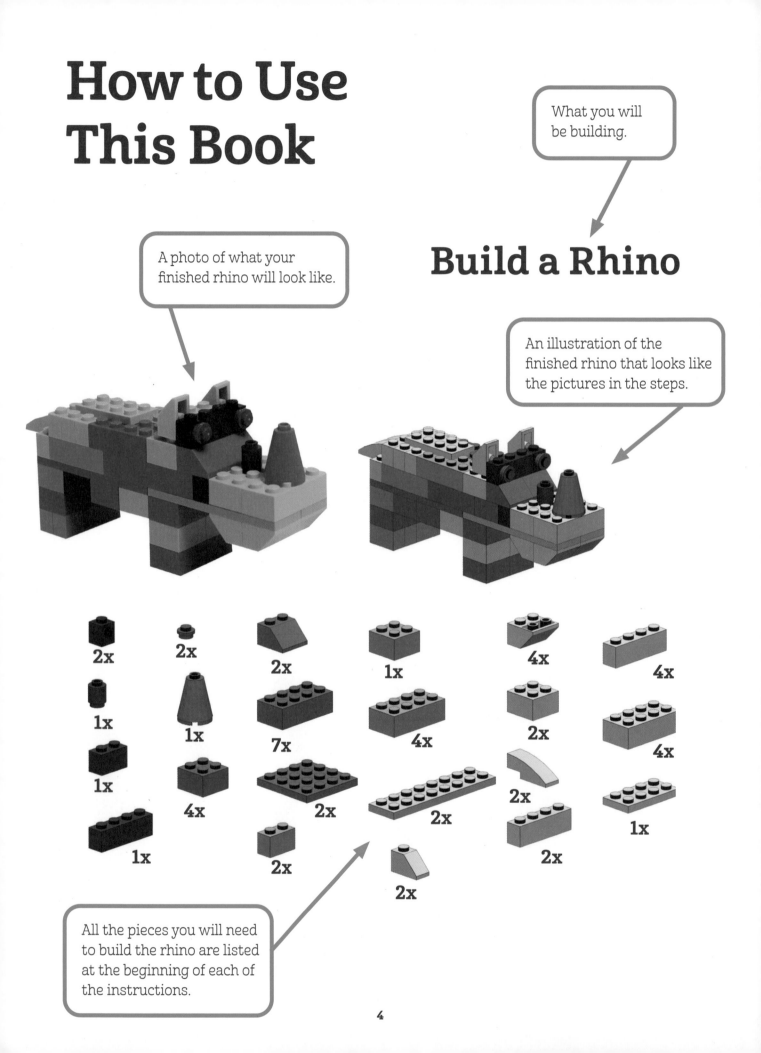

2x 2x 2x 1x 4x 4x

1x 1x 7x 4x 2x 4x

1x 4x 2x 2x 4x

1x 2x 2x 2x 1x

2x

All the pieces you will need to build the rhino are listed at the beginning of each of the instructions.

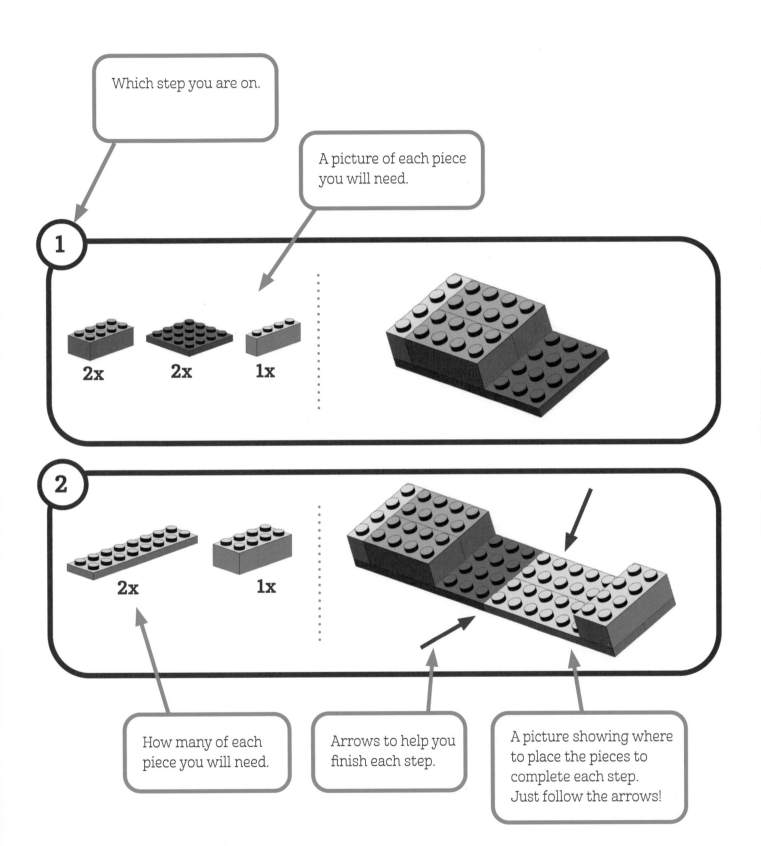

Which step you are on.

A picture of each piece you will need.

1

2x 2x 1x

2

2x 1x

How many of each piece you will need.

Arrows to help you finish each step.

A picture showing where to place the pieces to complete each step. Just follow the arrows!

Airport Adventure

Air Traffic Control Tower

Green Plane

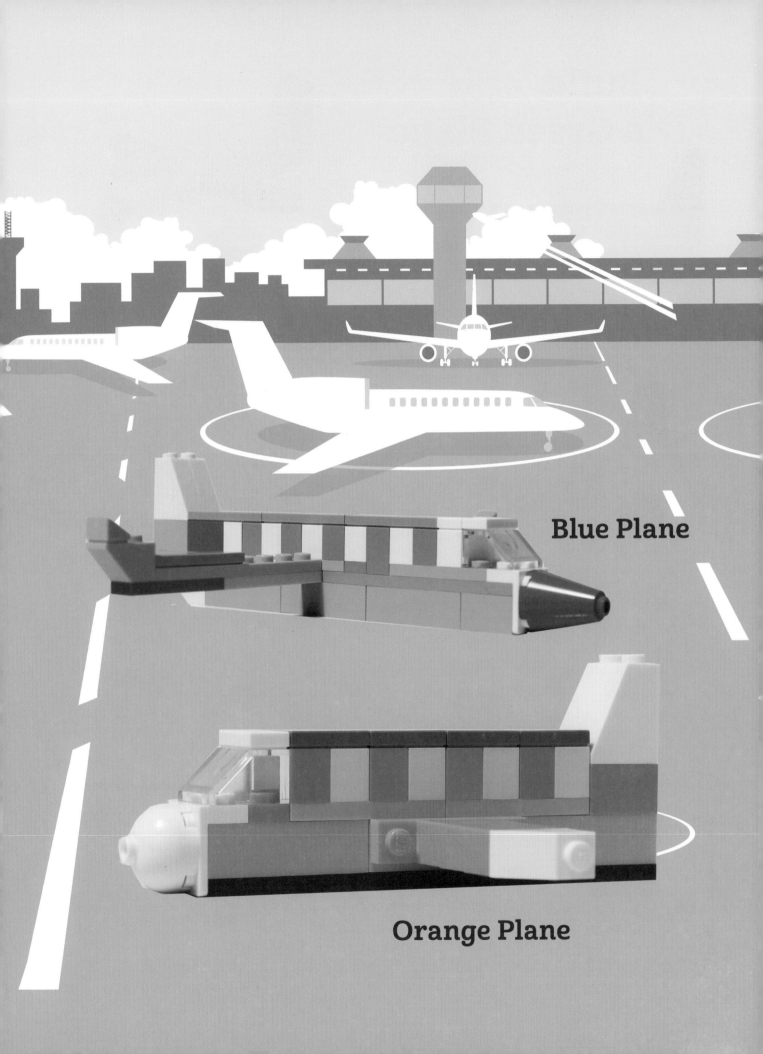

Blue Plane

Orange Plane

Build a Green Plane

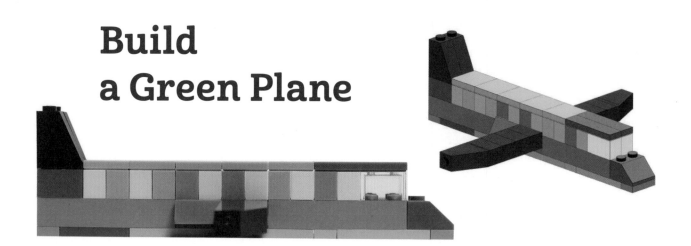

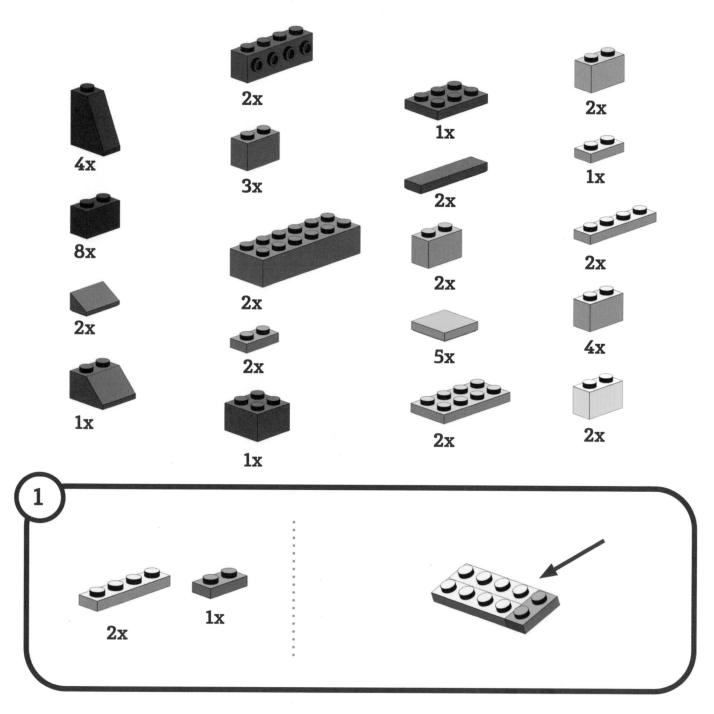

2x

4x

3x

1x

2x

8x

2x

2x

2x

5x

4x

2x

1x

2x

2x

1x

1

2x

1x

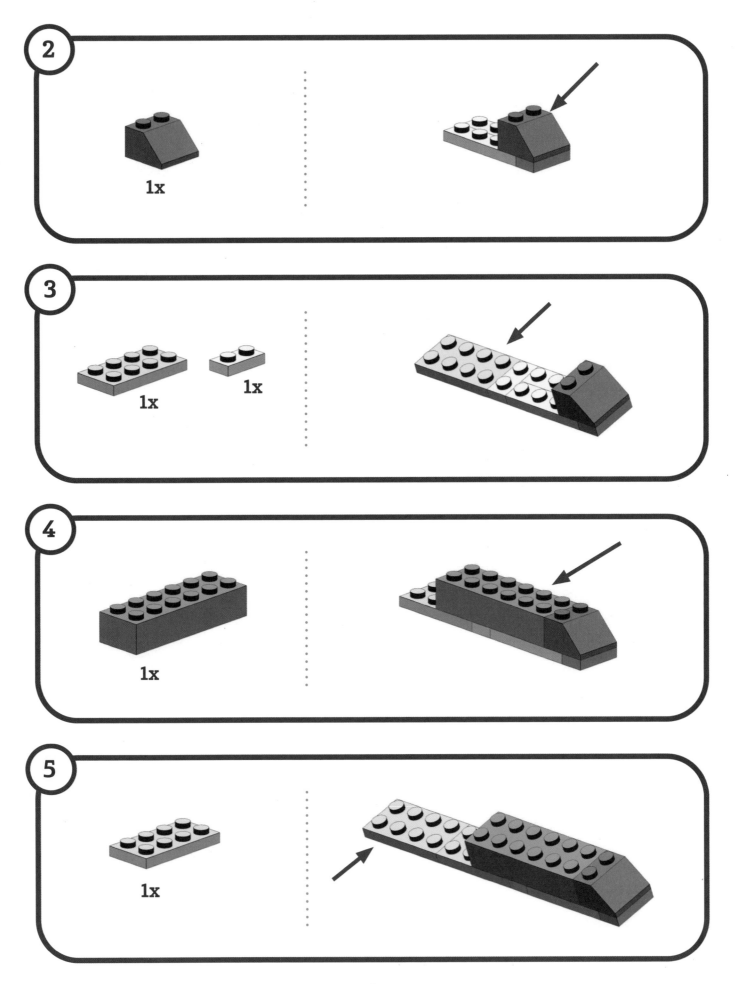

2

1x

3

1x　　1x

4

1x

5

1x

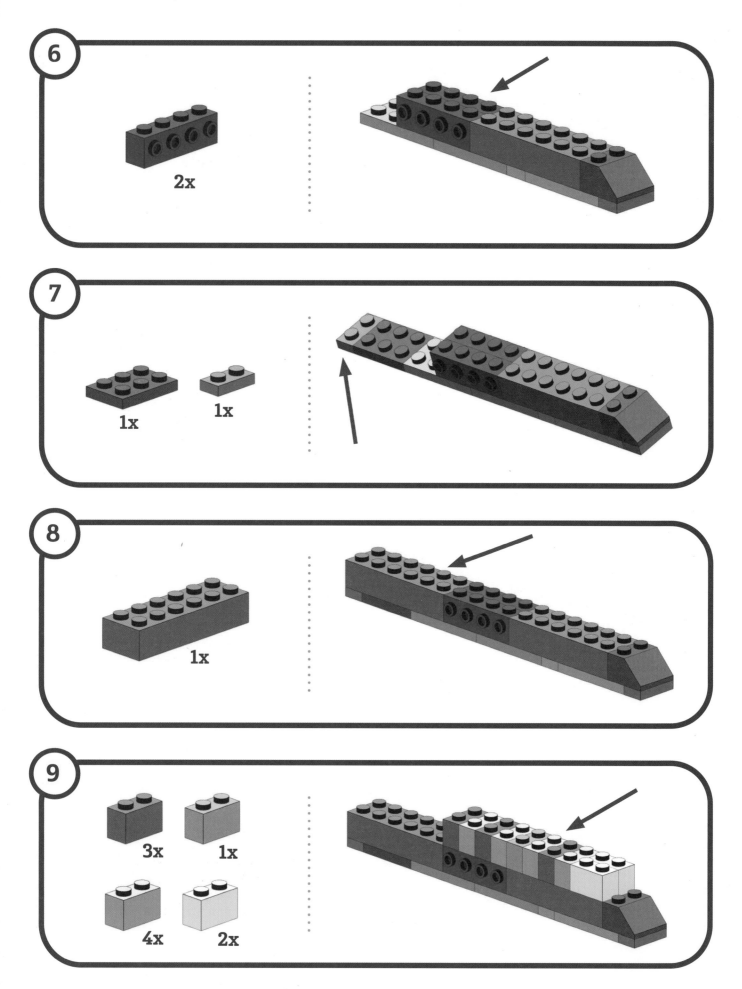

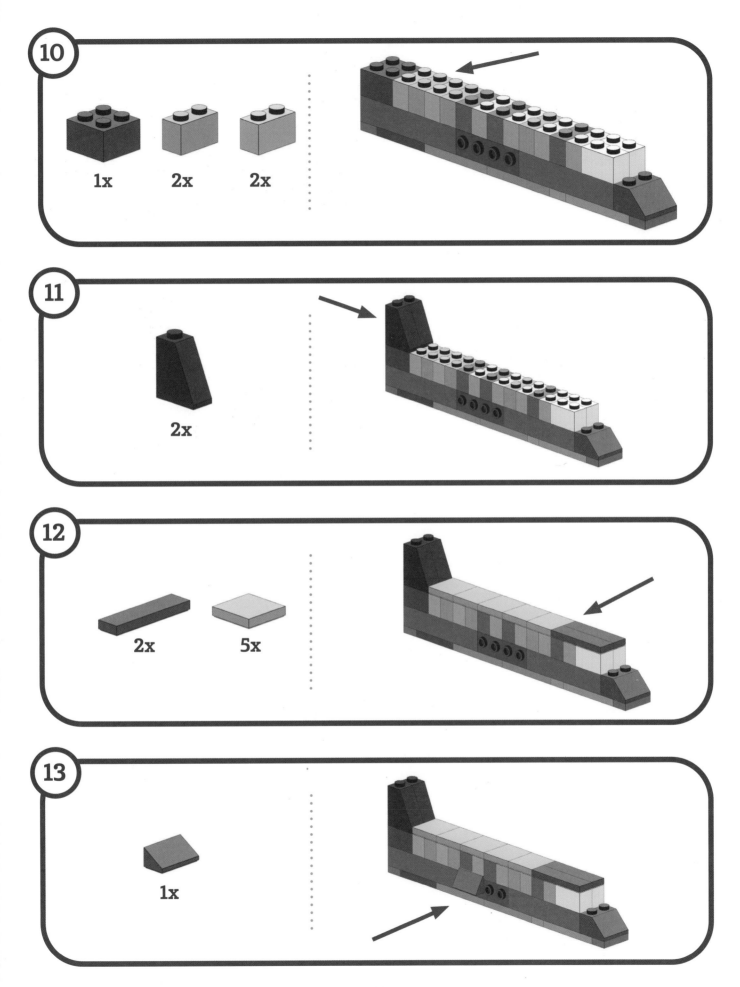

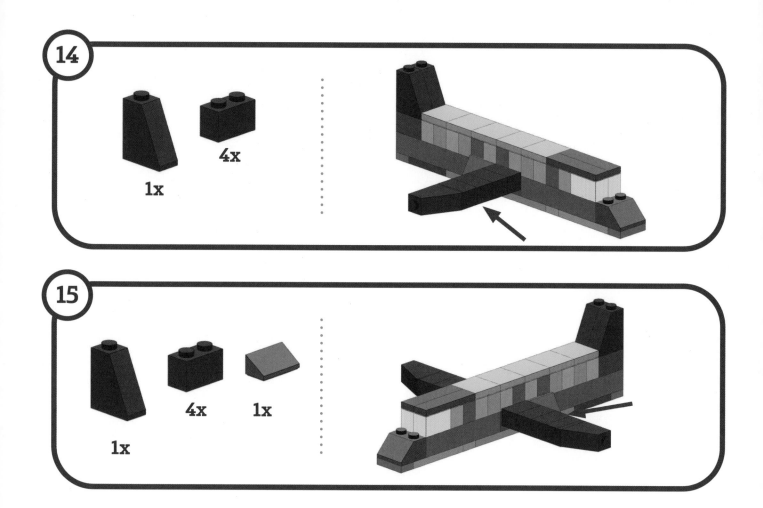

Build a Blue Plane

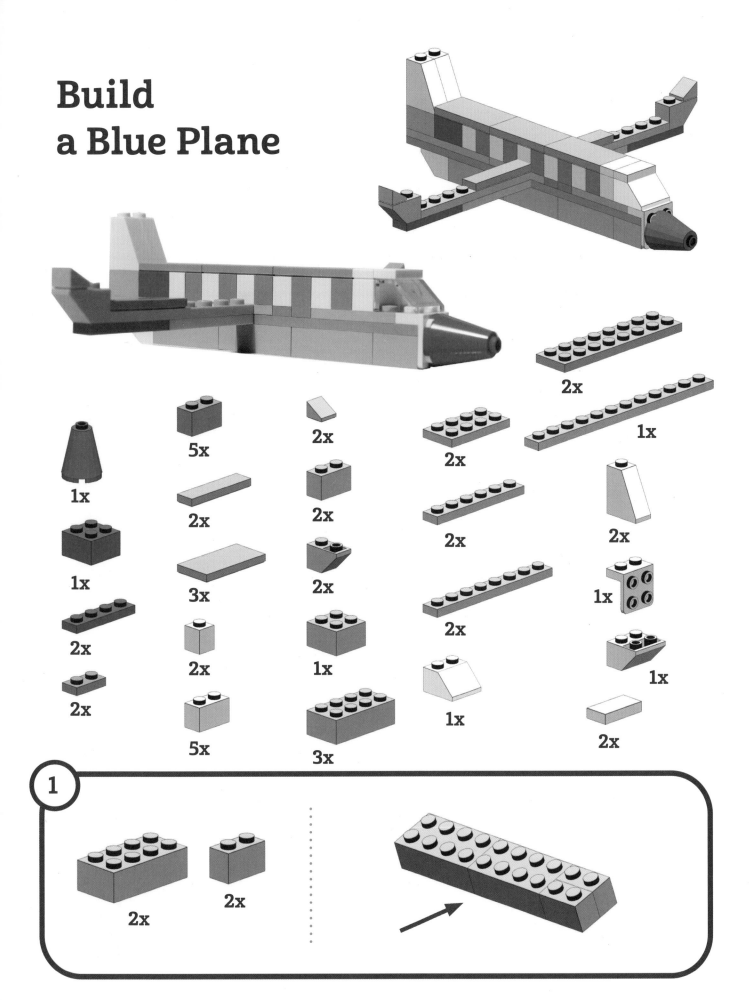

5x

2x

1x

1x

2x

2x

2x

1x

3x

2x

2x

2x

2x

1x

2x

2x

1x

1x

5x

3x

1x

2x

1

2x

2x

13

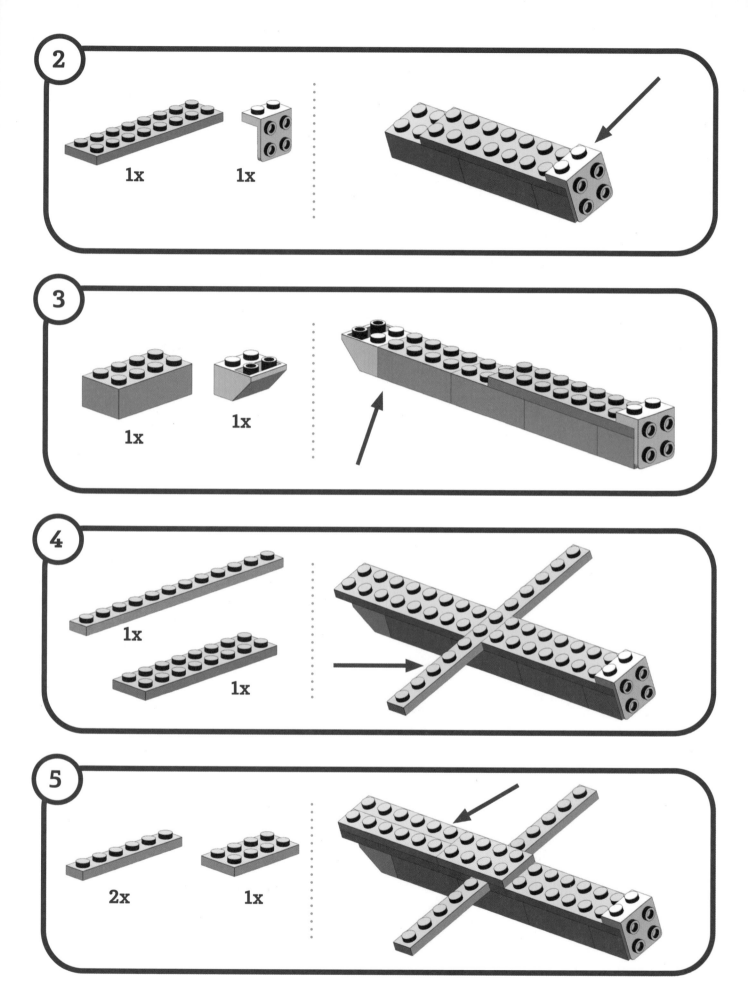

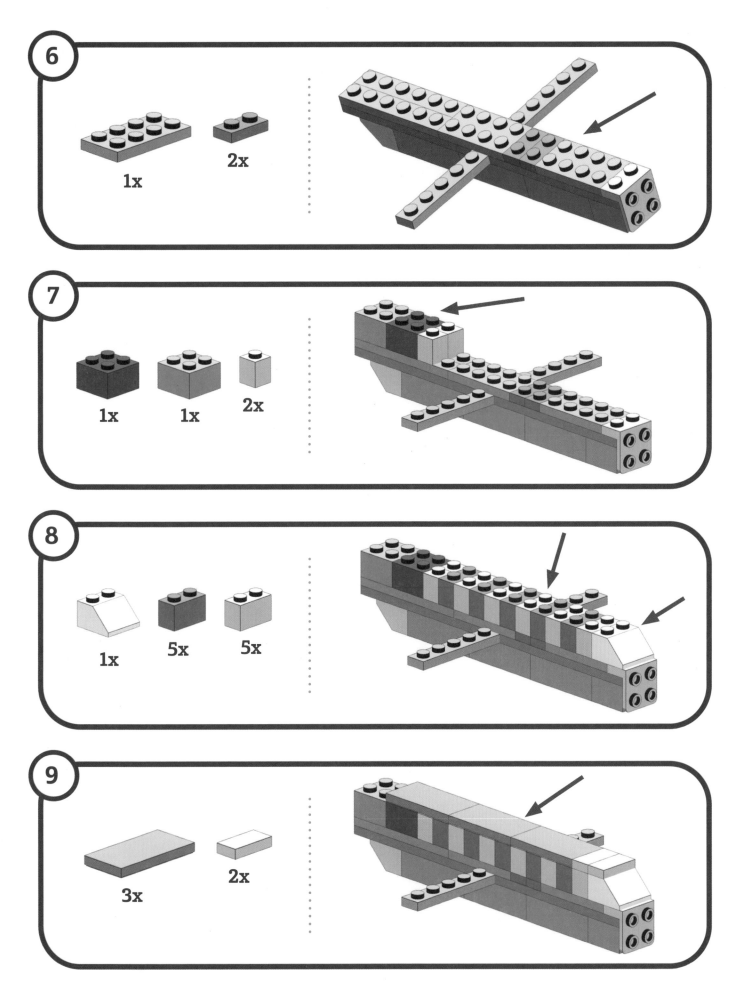

6

1x   2x

7

1x   1x   2x

8

1x   5x   5x

9

3x   2x

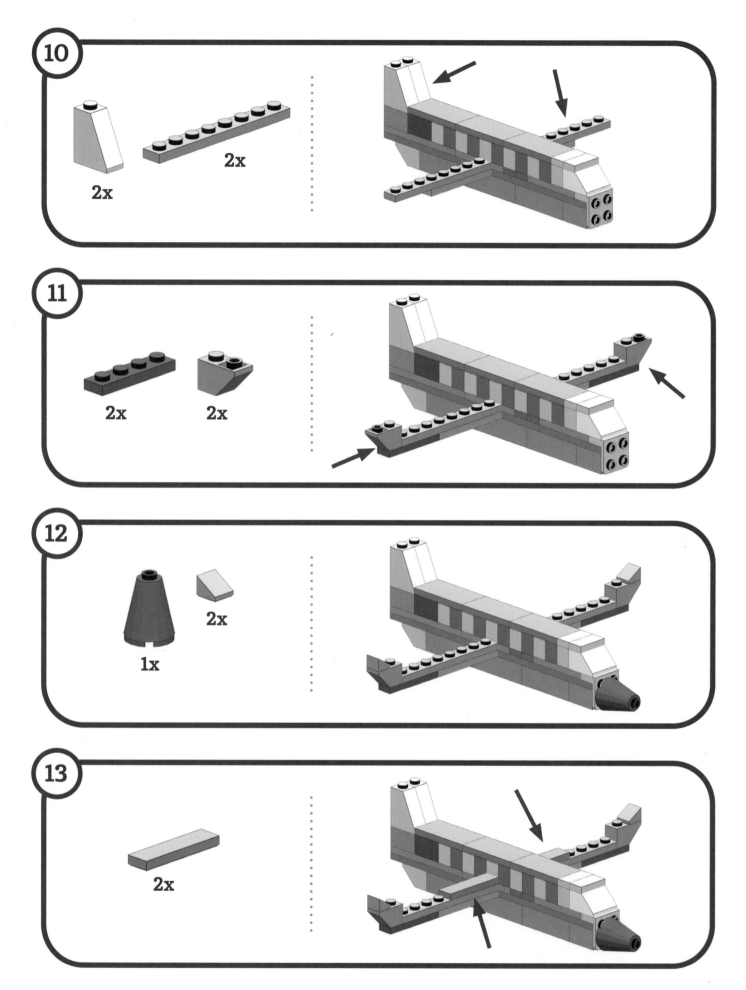

Build an Orange Plane

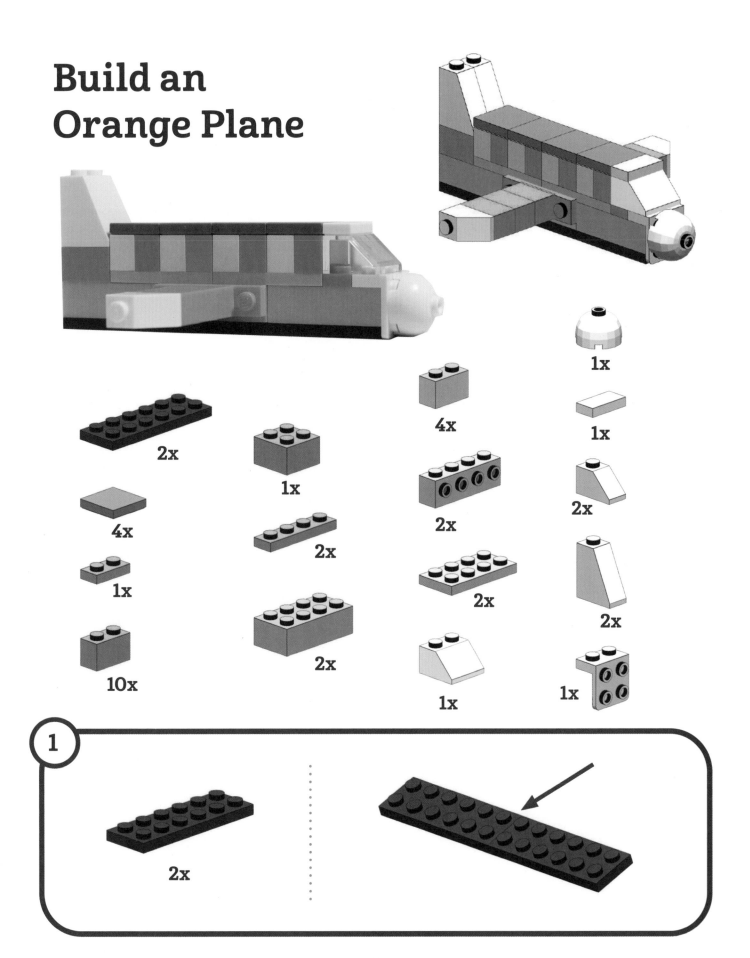

2x

4x

1x

10x

1x

2x

2x

2x

4x

2x

2x

1x

1x

1x

2x

2x

1x

1

2x

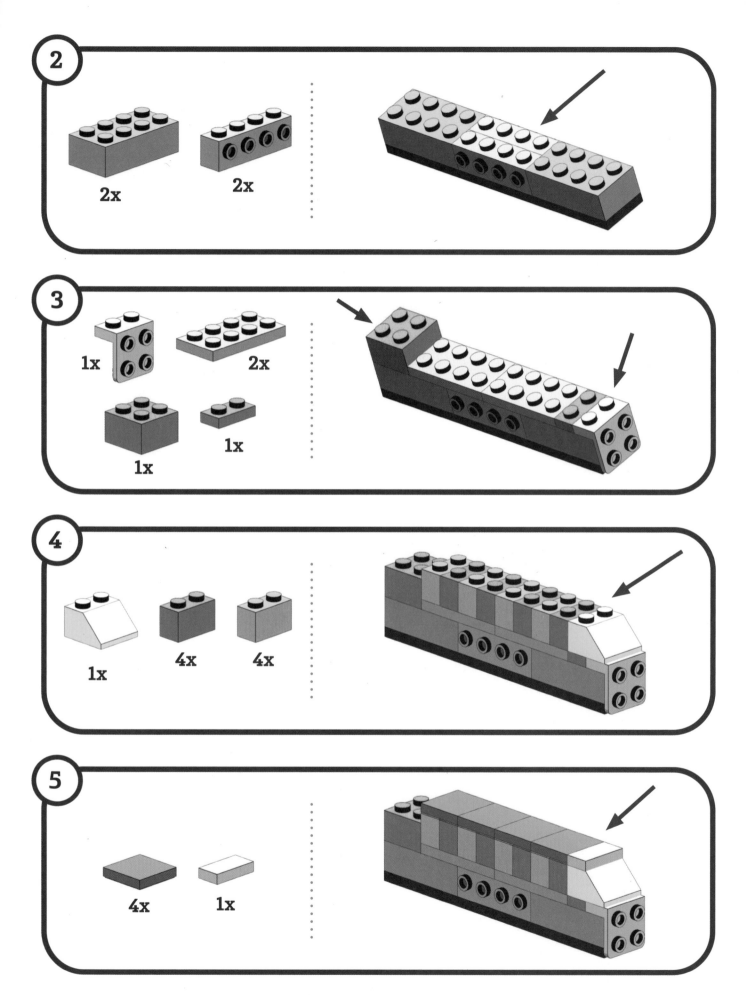

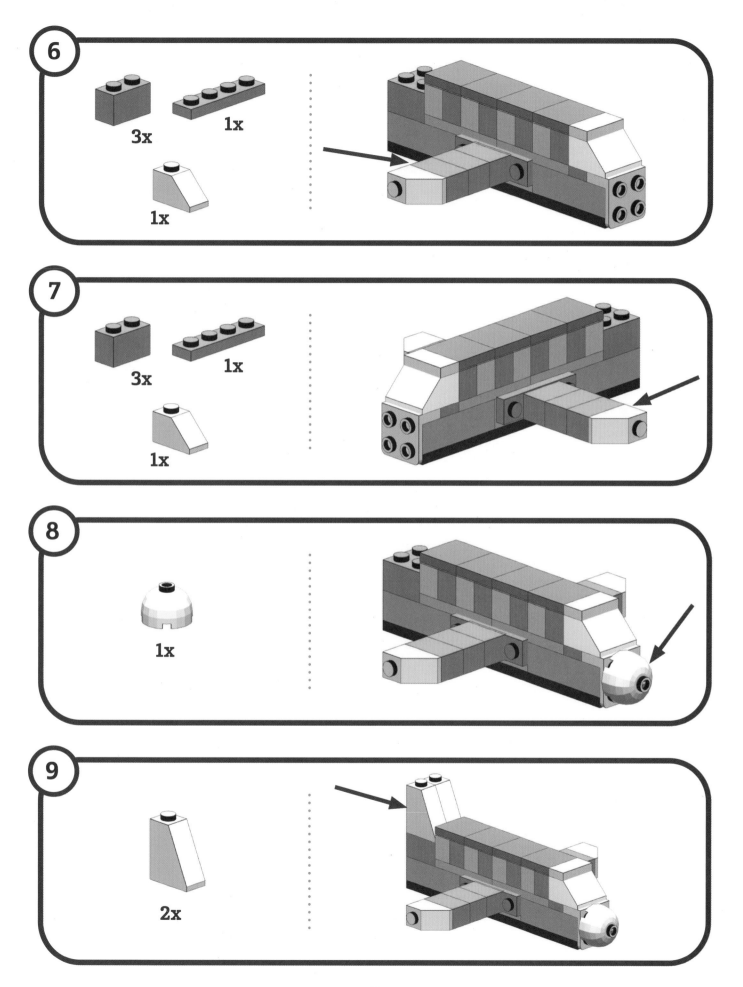

Build an Air Traffic Control Tower

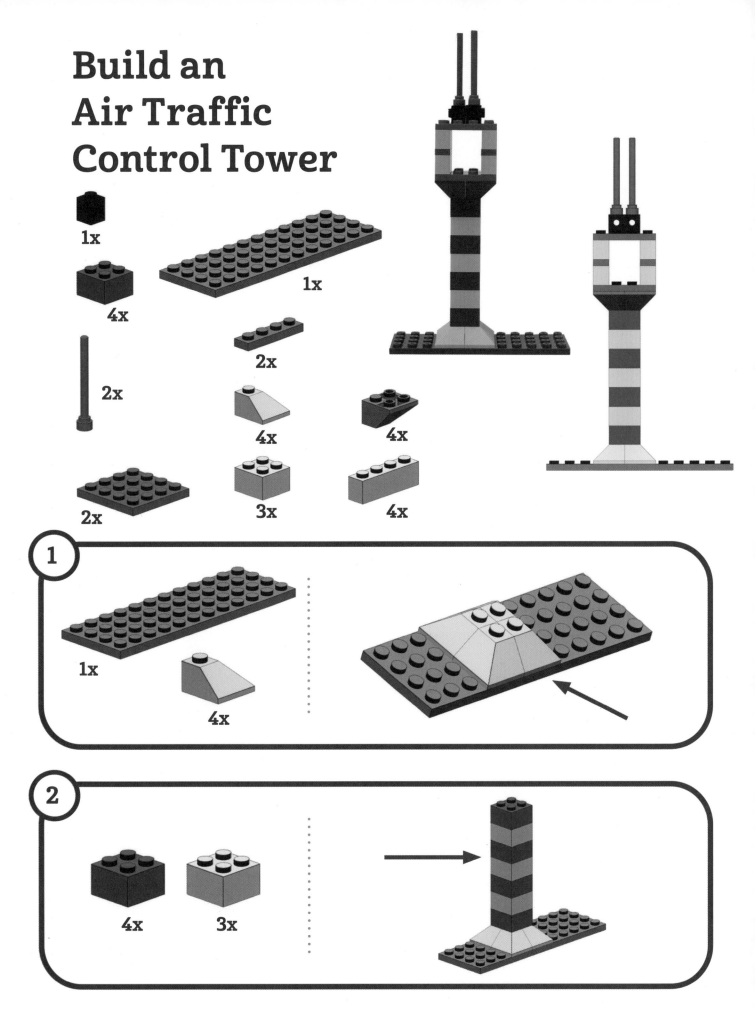

1x

4x

2x

2x

1x

2x

4x

4x

3x

4x

1

1x

4x

2

4x

3x

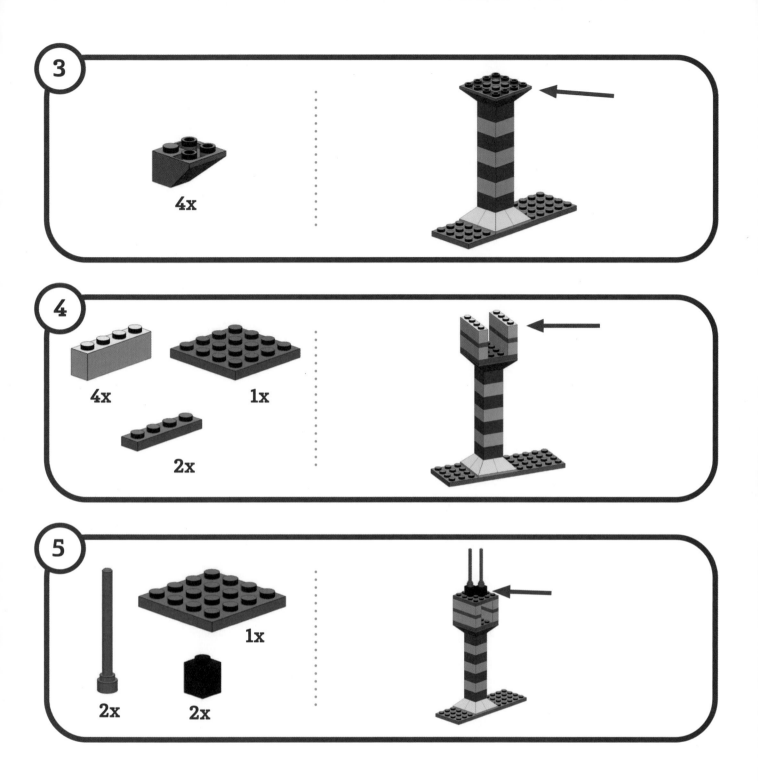

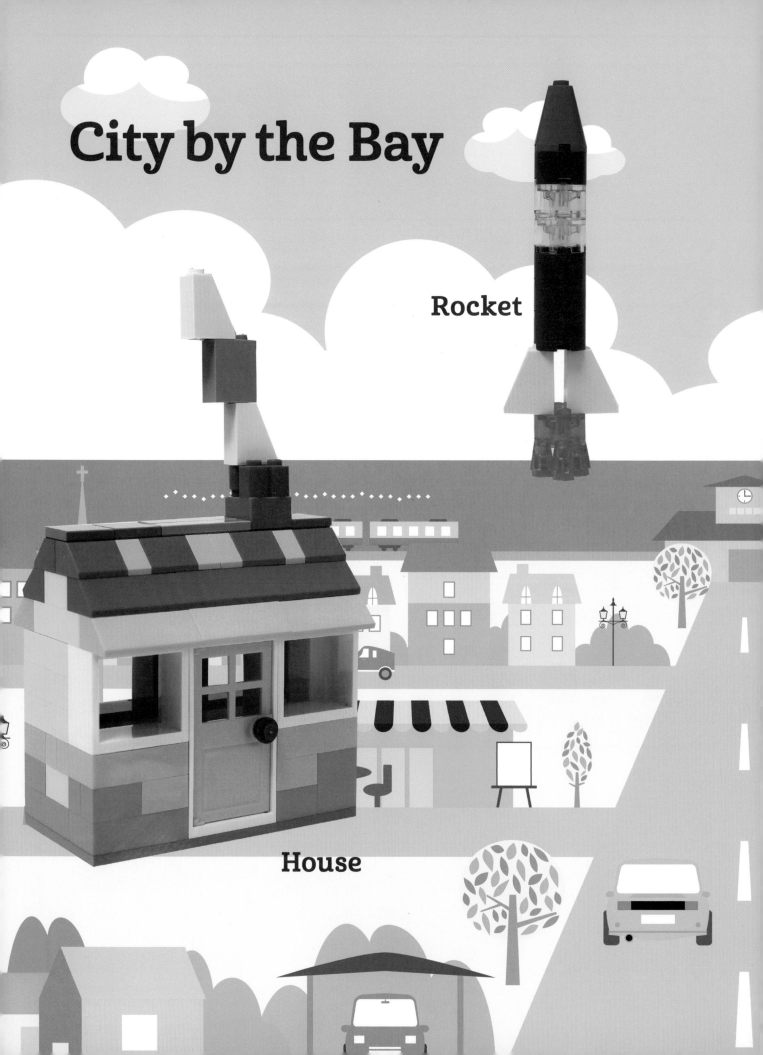

City by the Bay

Rocket

House

Sailboat

Helicopter

SUV

Build a Rocket

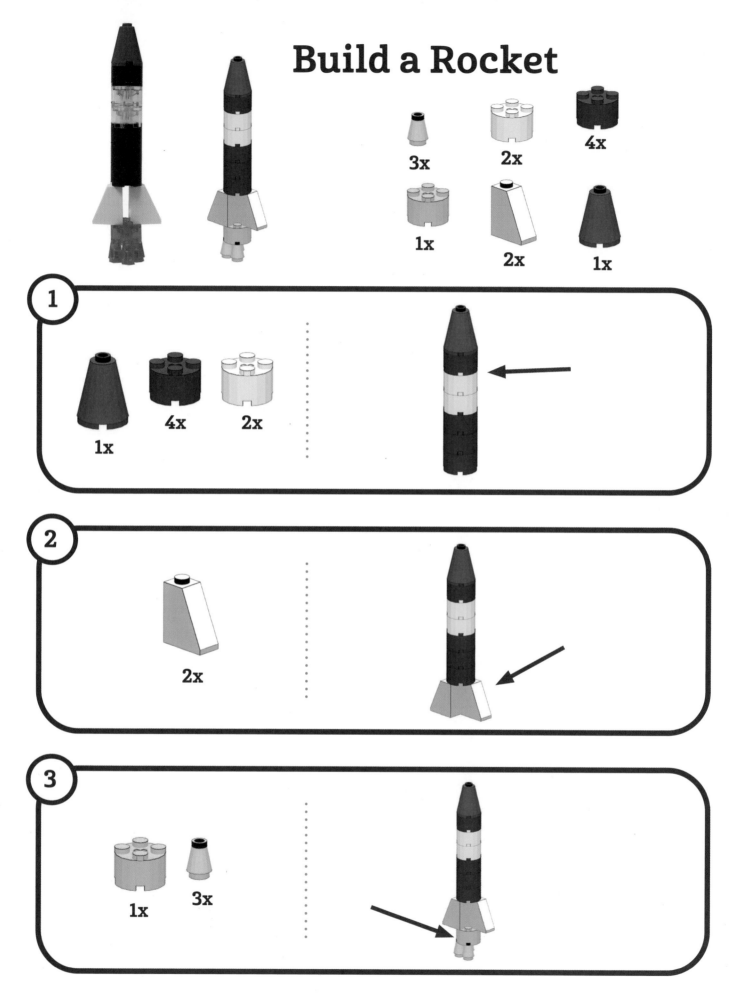

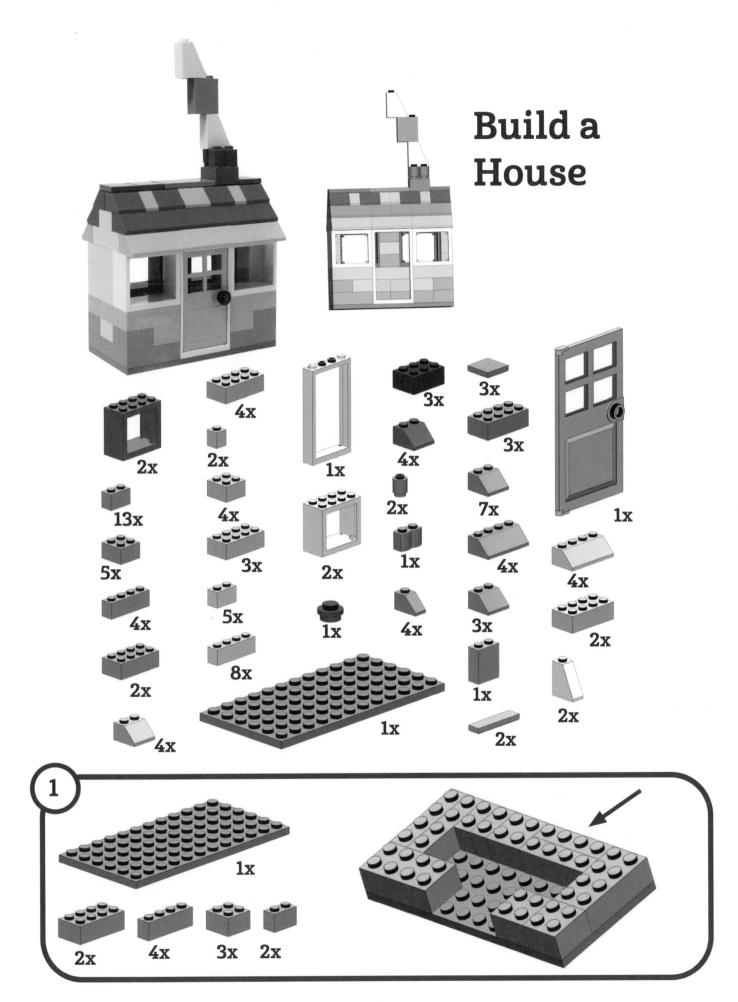

Build a House

4x

2x

2x

1x

3x

3x

3x

1x

13x

4x

2x

4x

7x

5x

3x

2x

1x

4x

4x

4x

4x

5x

1x

4x

3x

2x

2x

2x

8x

1x

1x

4x

1x

2x

1

1x

2x   4x   3x   2x

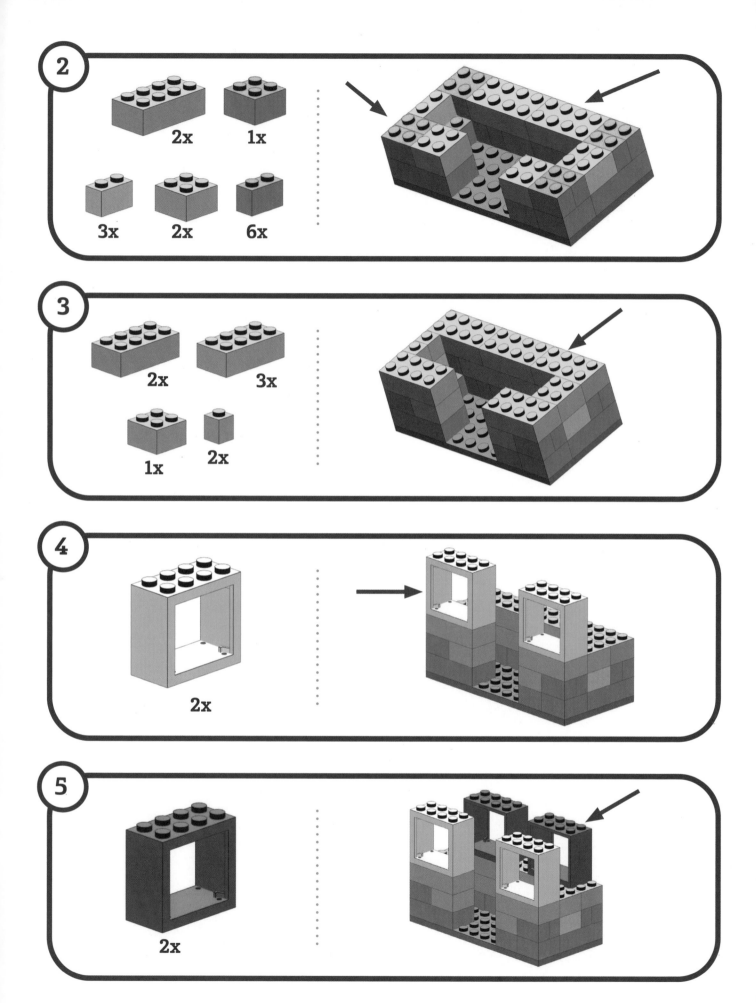

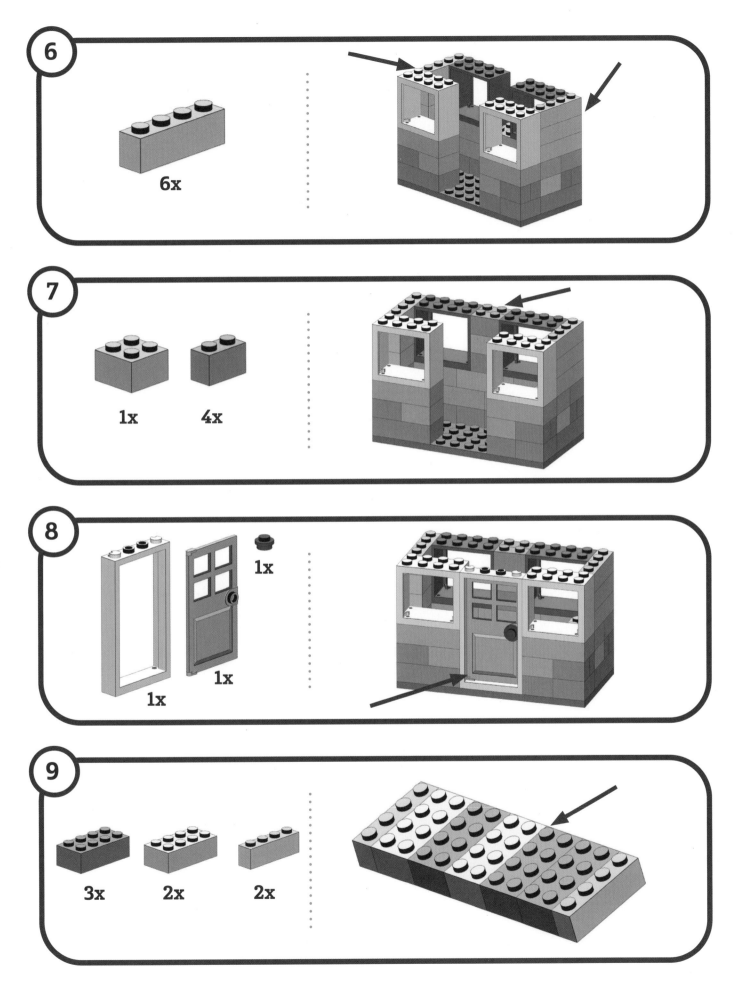

6

6x

7

1x　　4x

8

1x

1x　　1x

9

3x　　2x　　2x

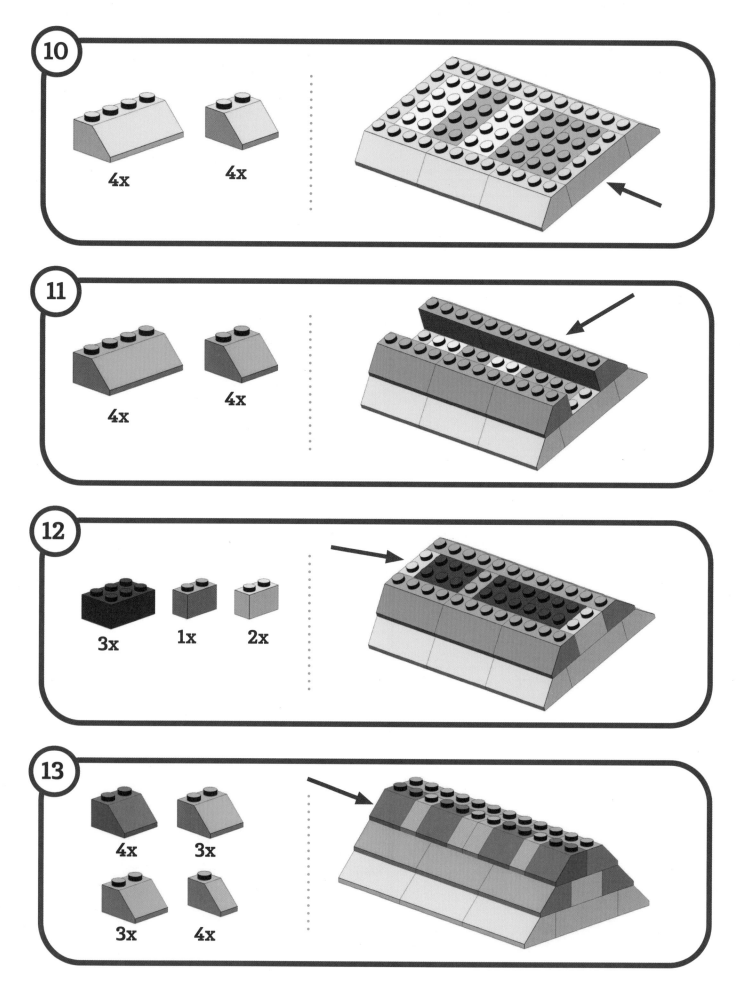

10

4x   4x

11

4x   4x

12

3x   1x   2x

13

4x   3x

3x   4x

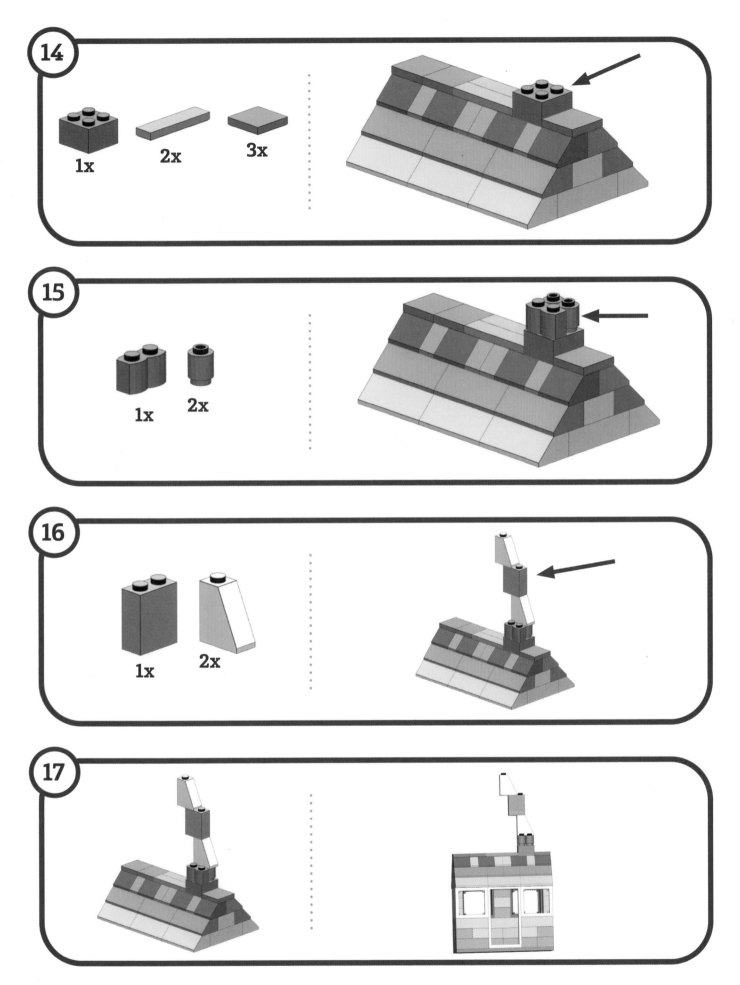

Build a
Helicopter

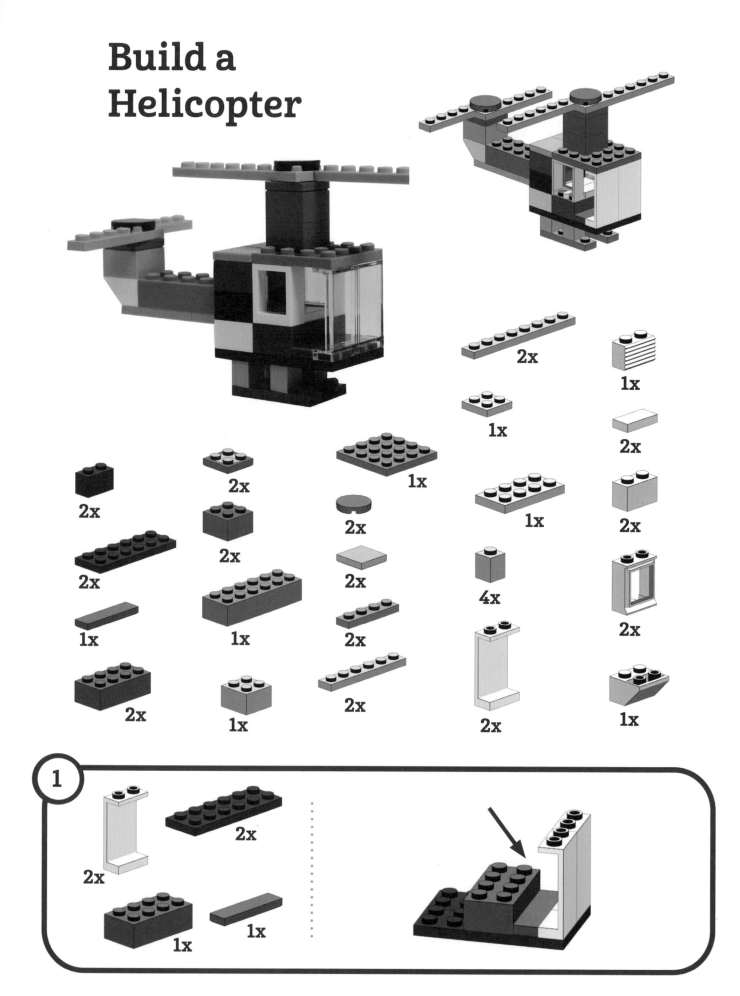

2x

1x

1x

2x

2x

1x

1x

2x

2x

2x

2x

2x

2x

2x

4x

2x

1x

1x

2x

1x

2x

2x

2x

1x

1

2x

2x

1x   1x

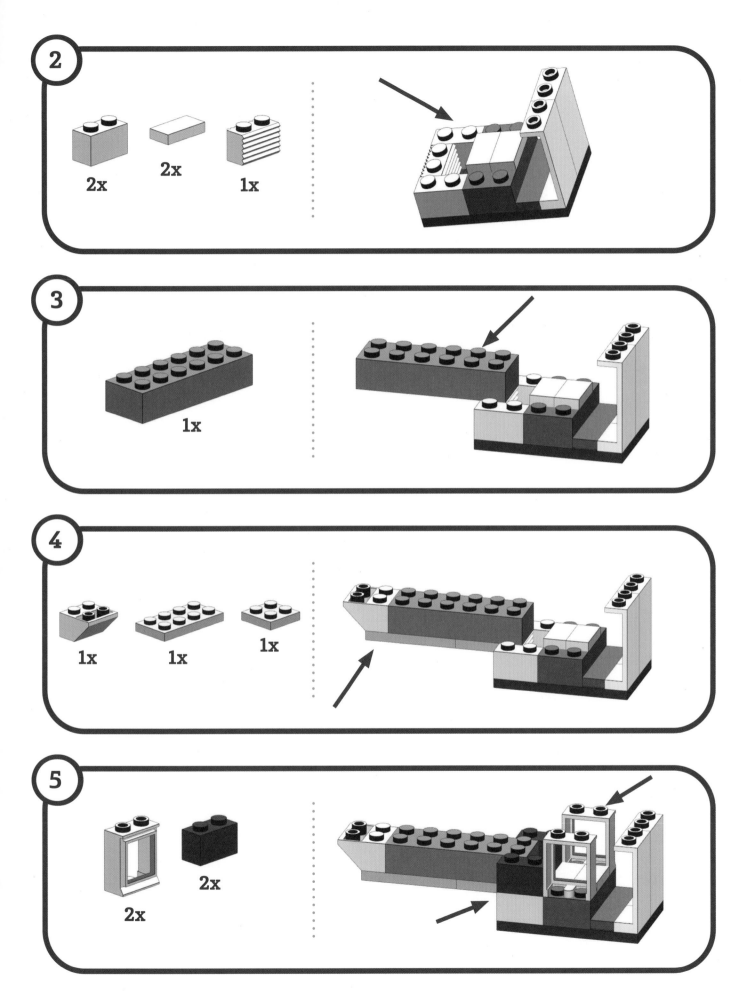

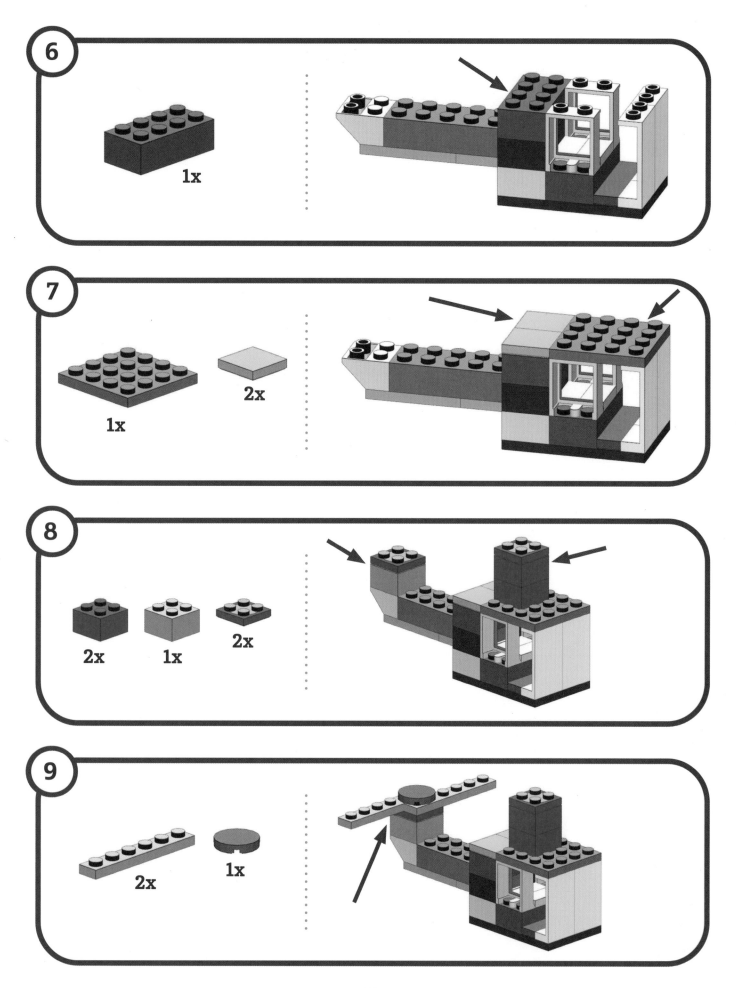

6 1x

7 1x 2x

8 2x 1x 2x

9 2x 1x

10

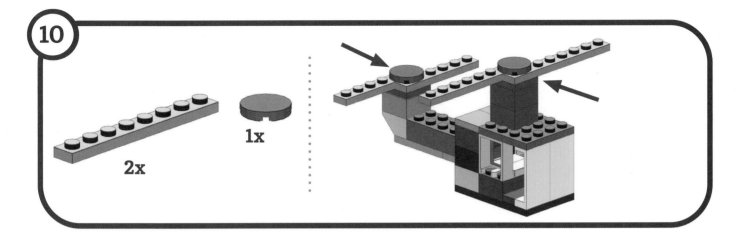

2x   1x

11

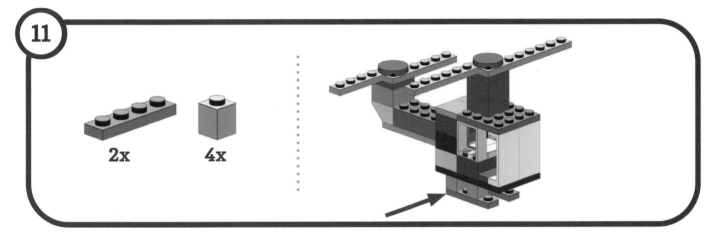

2x   4x

Build an SUV

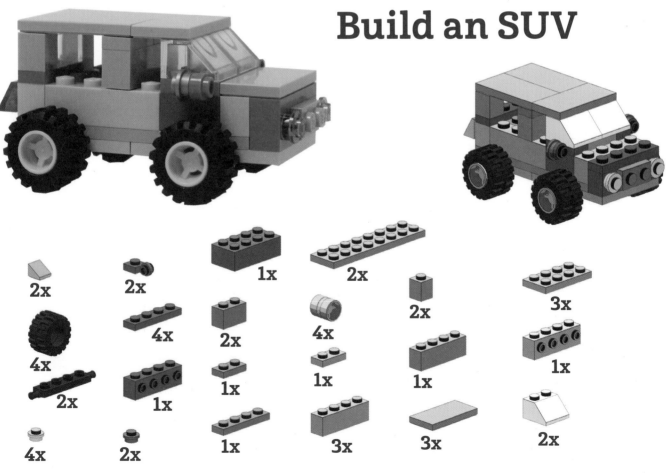

2x
2x
1x
2x
2x
3x
4x
4x
2x
4x
1x
1x
2x
4x
2x
1x
1x
1x
1x
1x
1x
3x
3x
2x

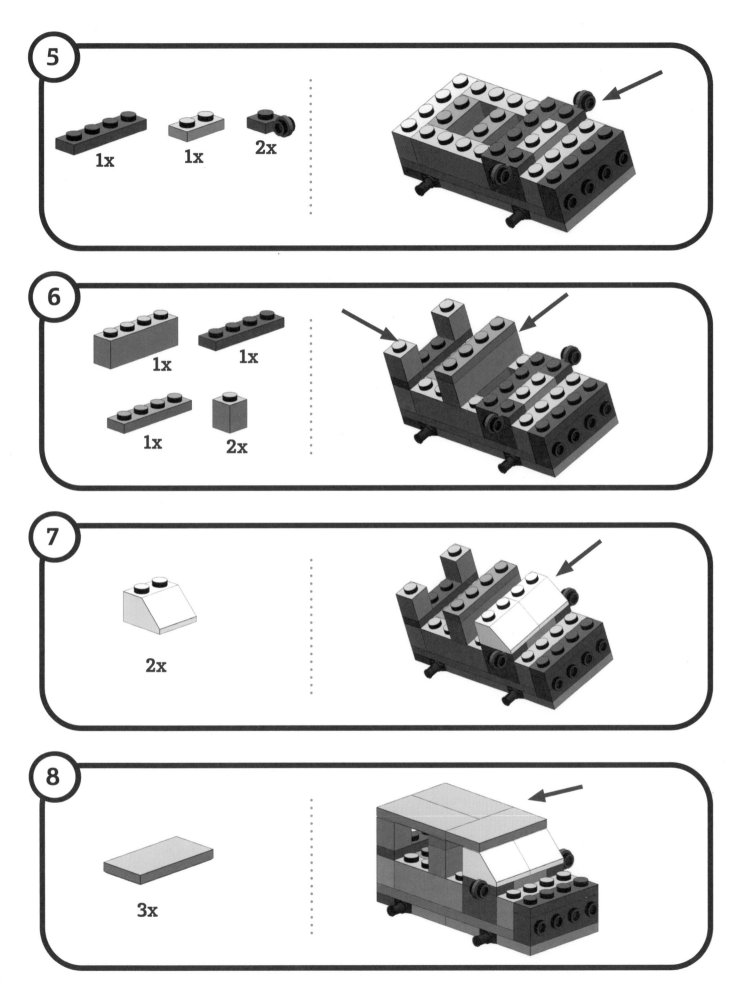

5

1x 1x 2x

6

1x 1x 1x 2x

7

2x

8

3x

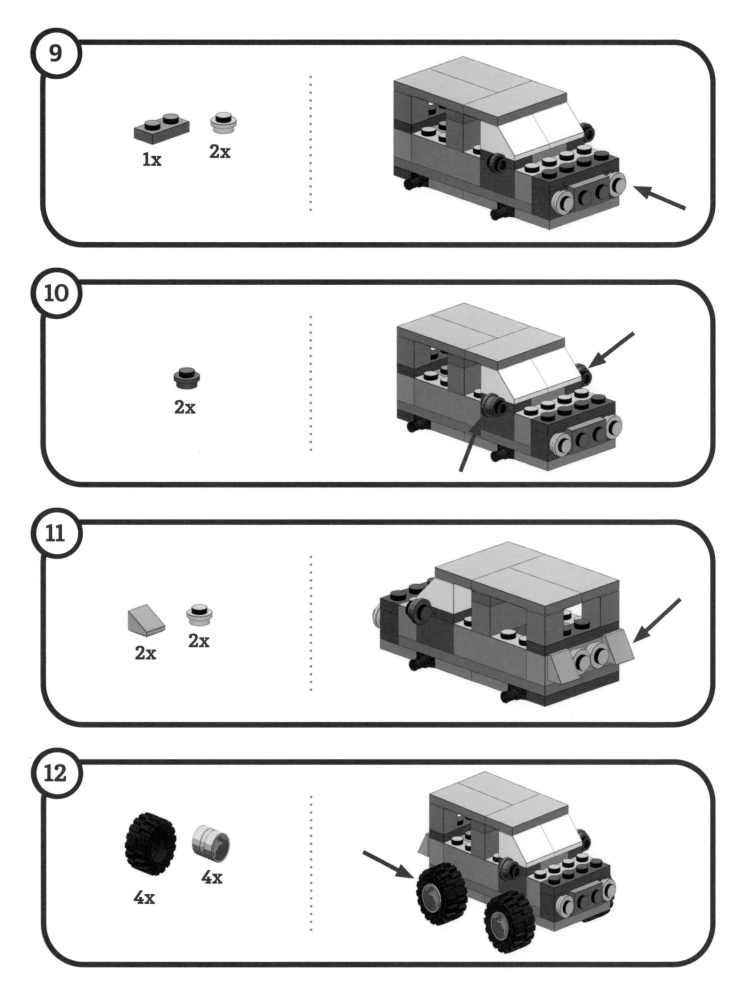

Build a Sailboat

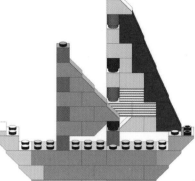

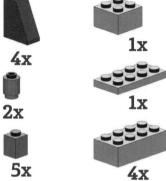 4x   1x   3x   4x   1x   2x   2x

2x   1x   1x   4x   2x   3x

5x   4x   3x   1x   4x   1x   2x

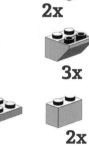

1

1x   2x

1x

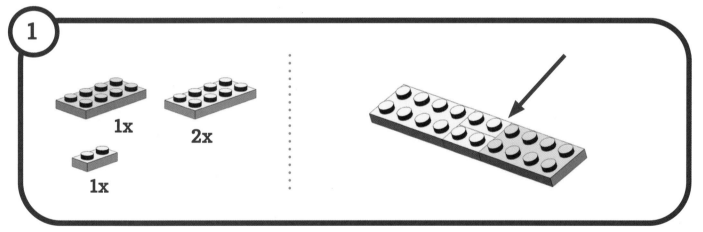

2

1x   1x

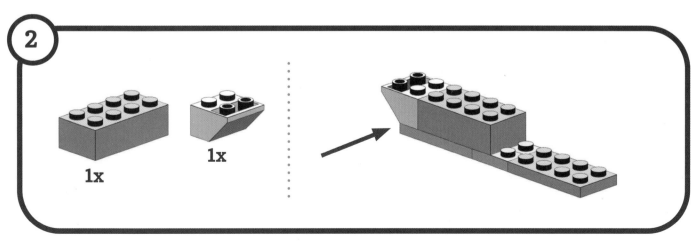

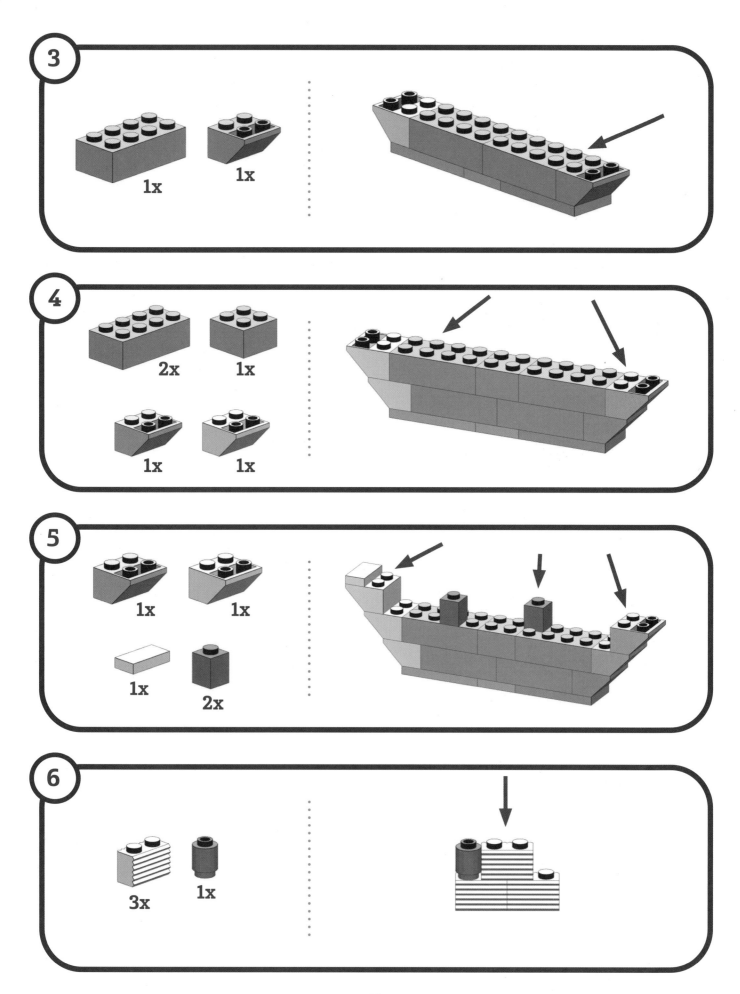

3

1x 1x

4

2x 1x

1x 1x

5

1x 1x

1x 2x

6

3x 1x

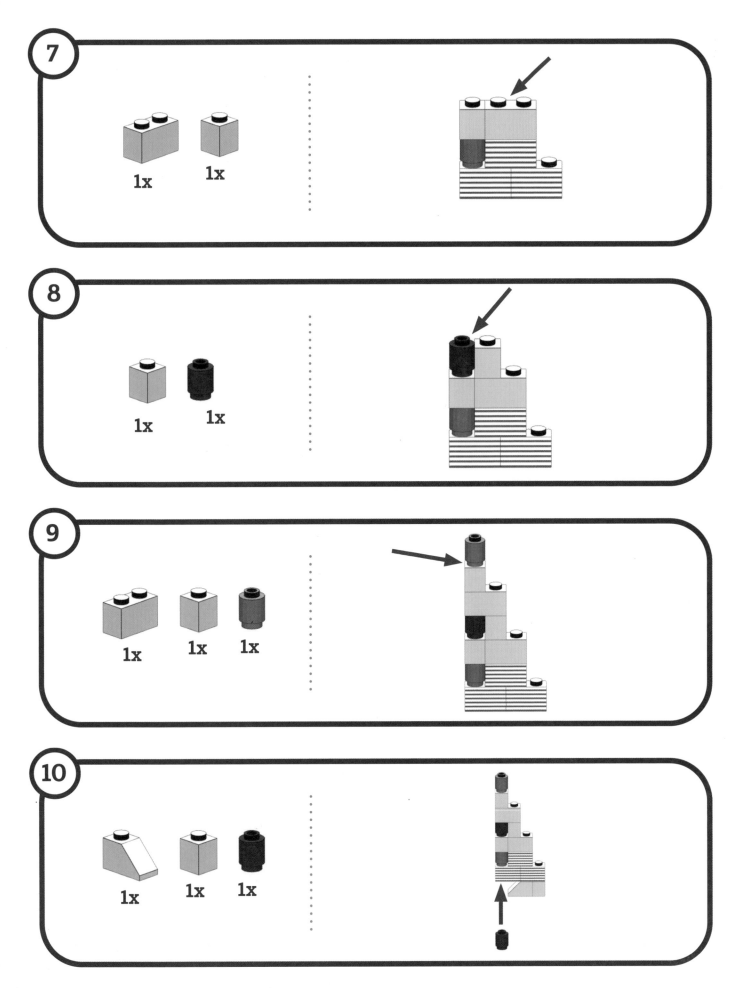

11

4x

12

1x

13

2x   1x   1x

14

1x   1x

40

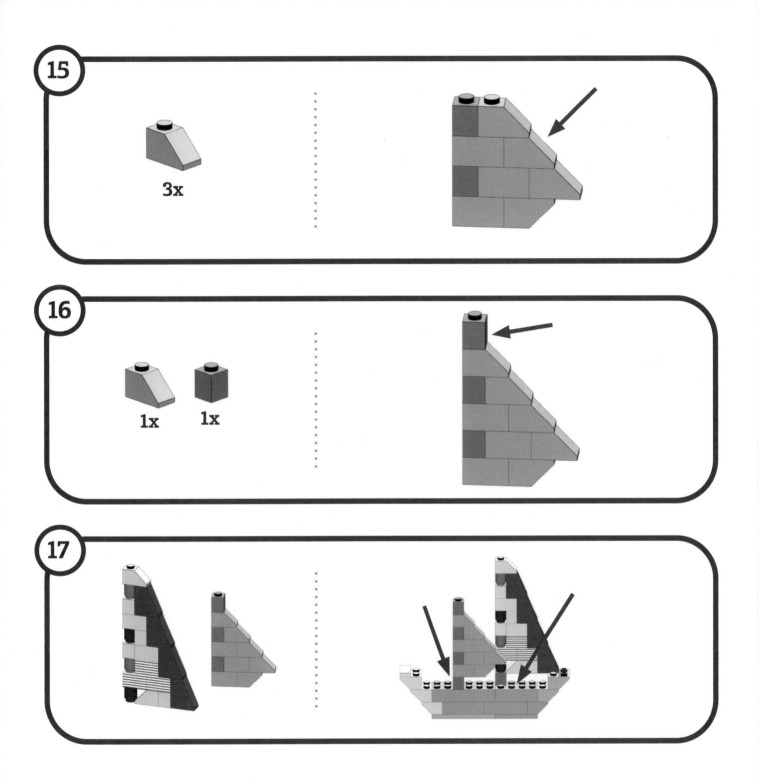

African Safari

Giraffe

Tiger

Elephant

Rhino

Build a Rhino

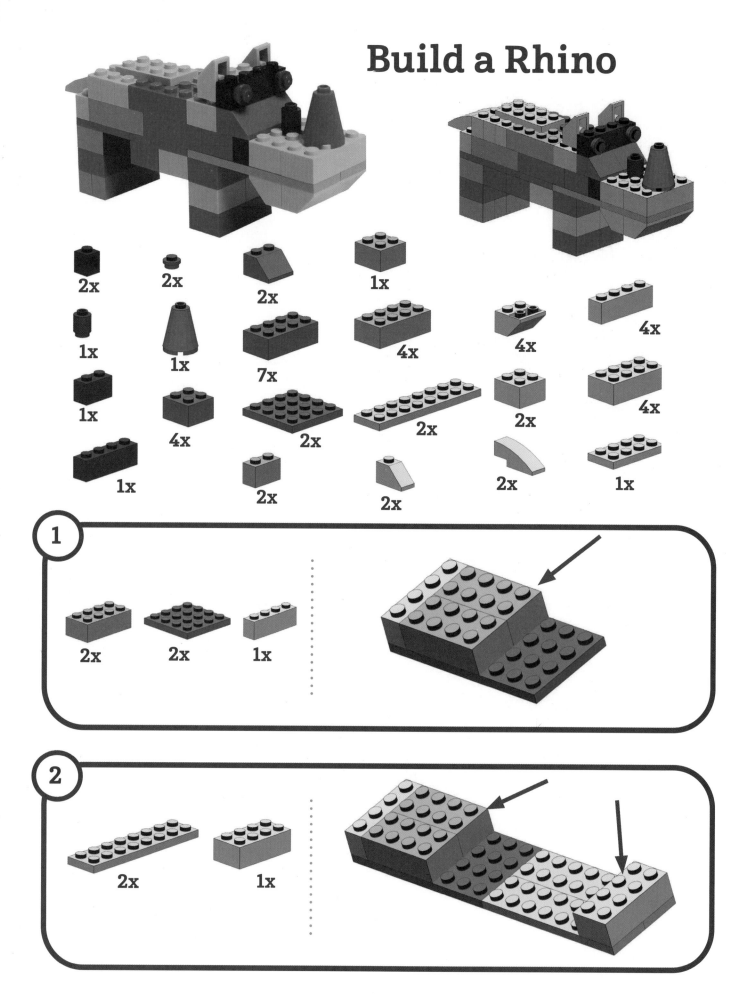

2x

2x

2x

1x

1x

1x

7x

4x

4x

4x

1x

4x

2x

2x

4x

1x

2x

2x

2x

1x

1

2x 2x 1x

2

2x 1x

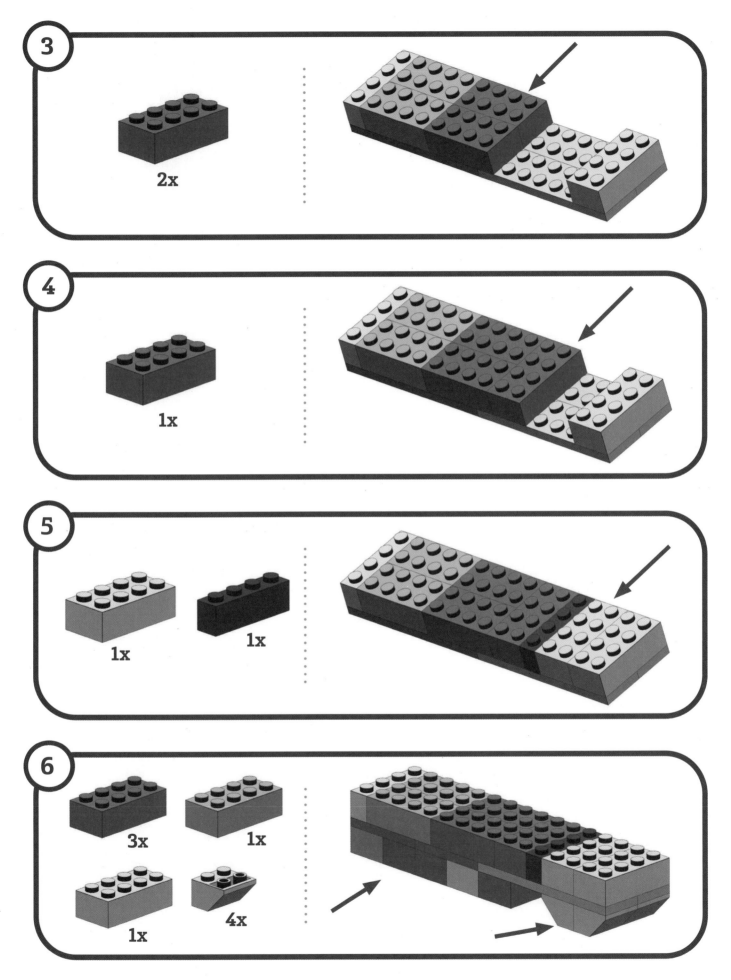

3

2x

4

1x

5

1x 1x

6

3x 1x

1x 4x

45

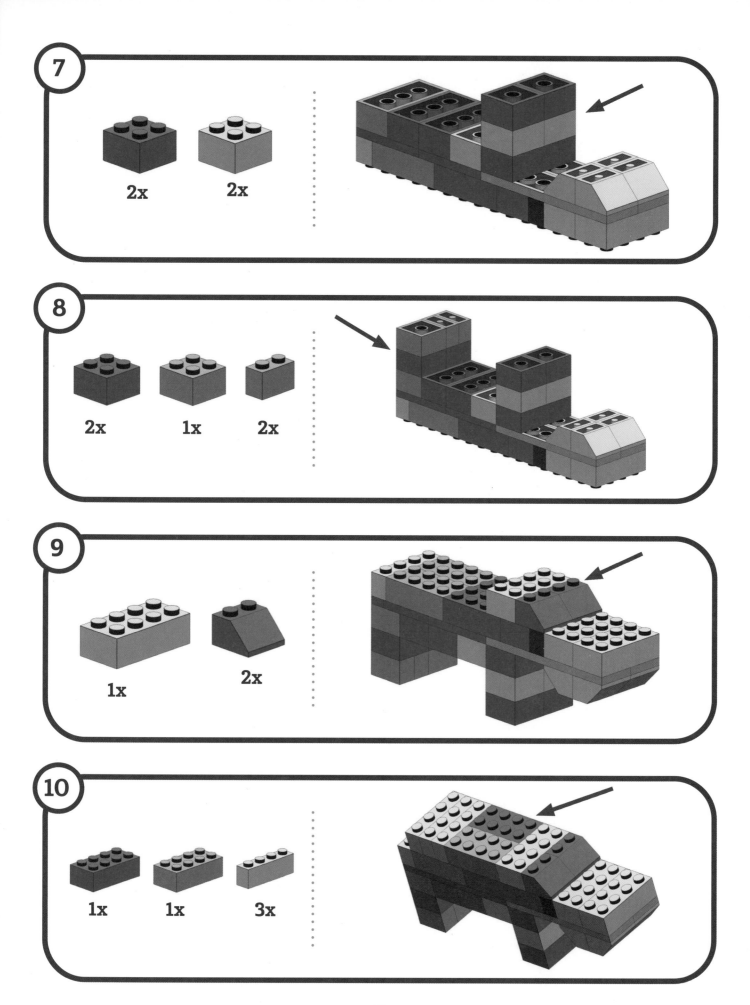

7

2x 2x

8

2x 1x 2x

9

1x 2x

10

1x 1x 3x

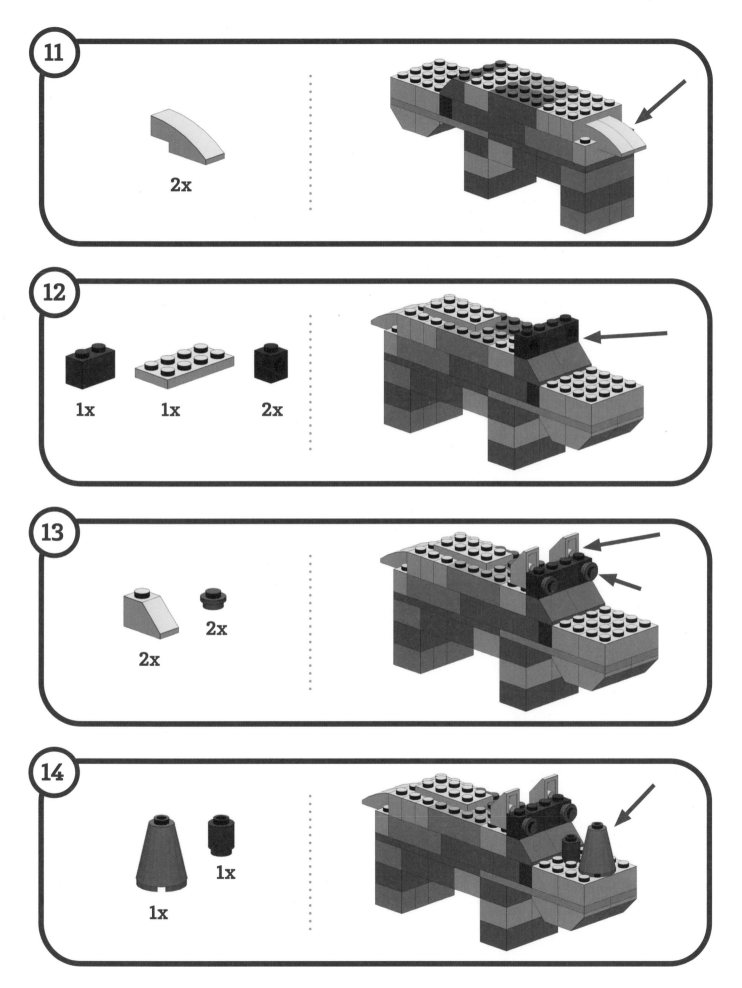

11 2x

12 1x 1x 2x

13 2x 2x

14 1x 1x

Build an Elephant

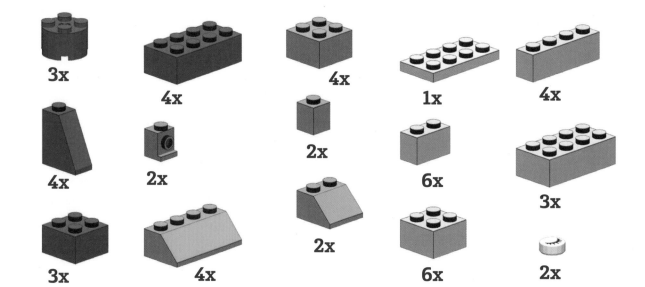

3x **4x** **4x** **1x** **4x**

4x **2x** **2x** **6x** **3x**

3x **4x** **2x** **6x** **2x**

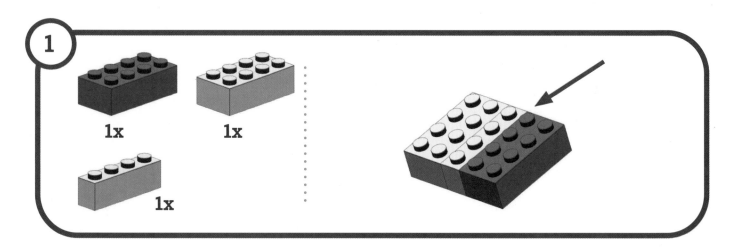

1

1x **1x**

1x

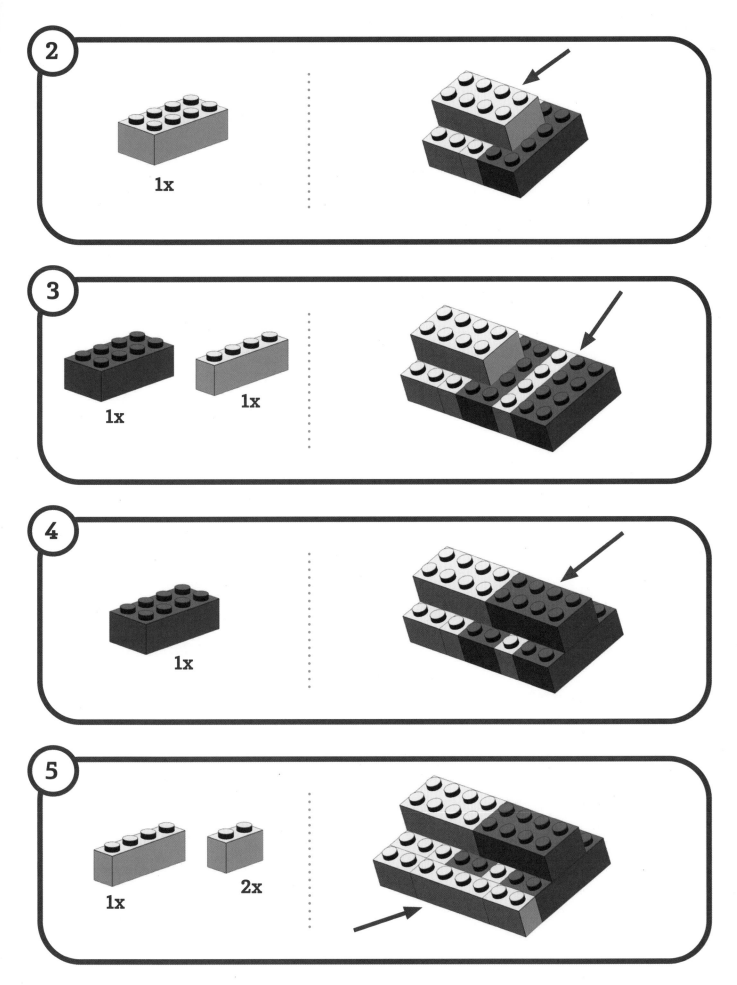

2

1x

3

1x   1x

4

1x

5

1x   2x

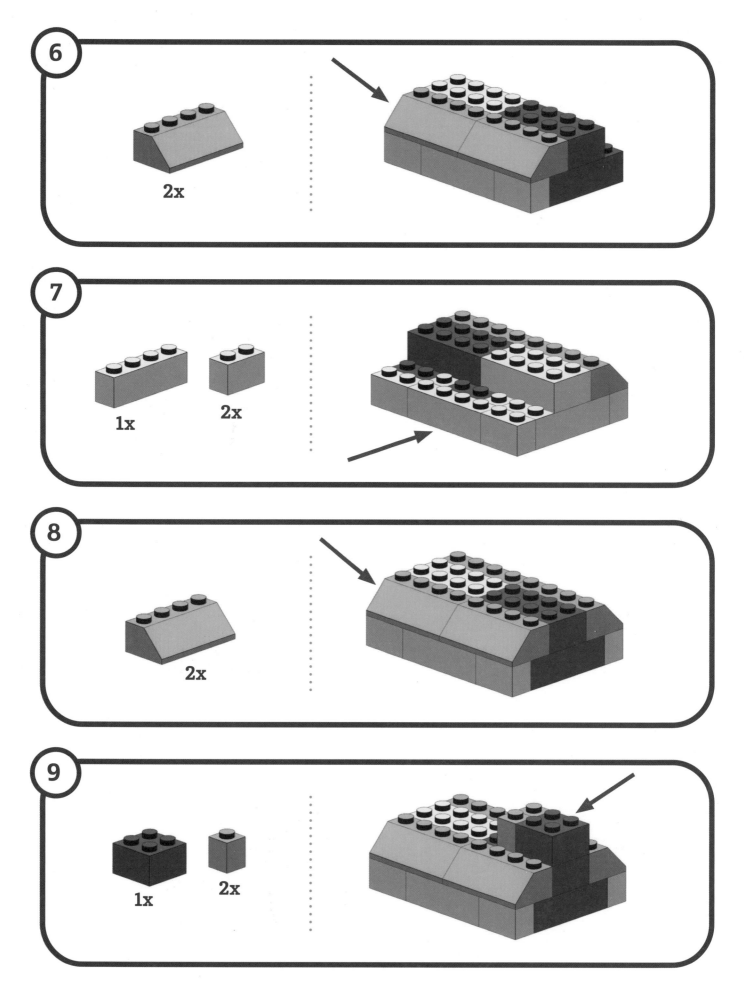

6

2x

7

1x
2x

8

2x

9

1x
2x

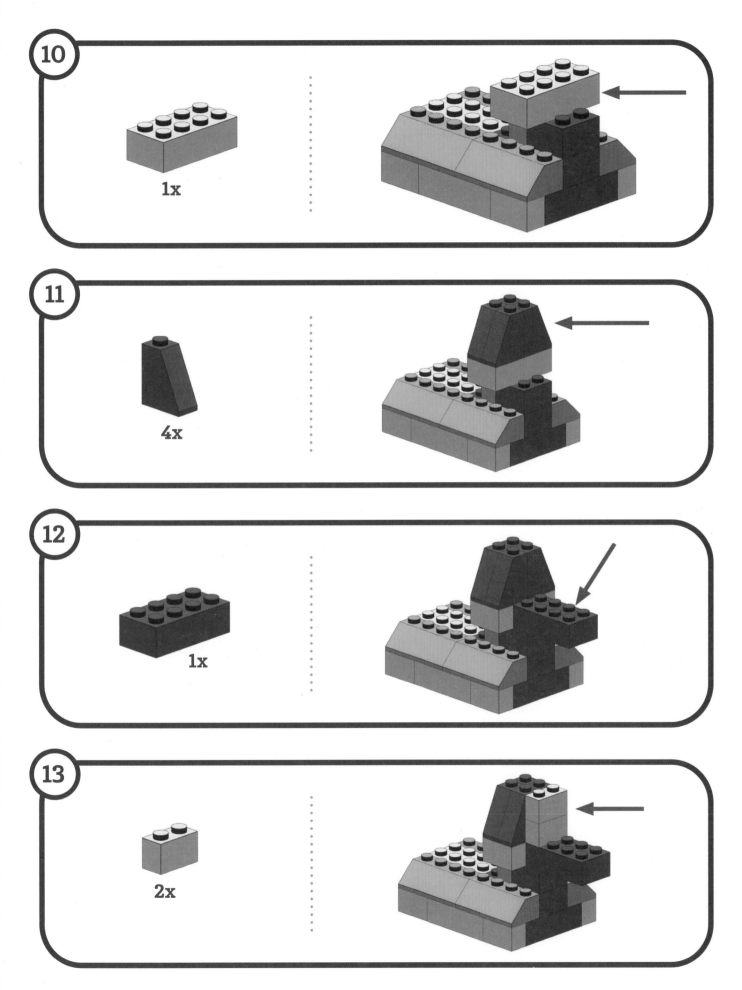

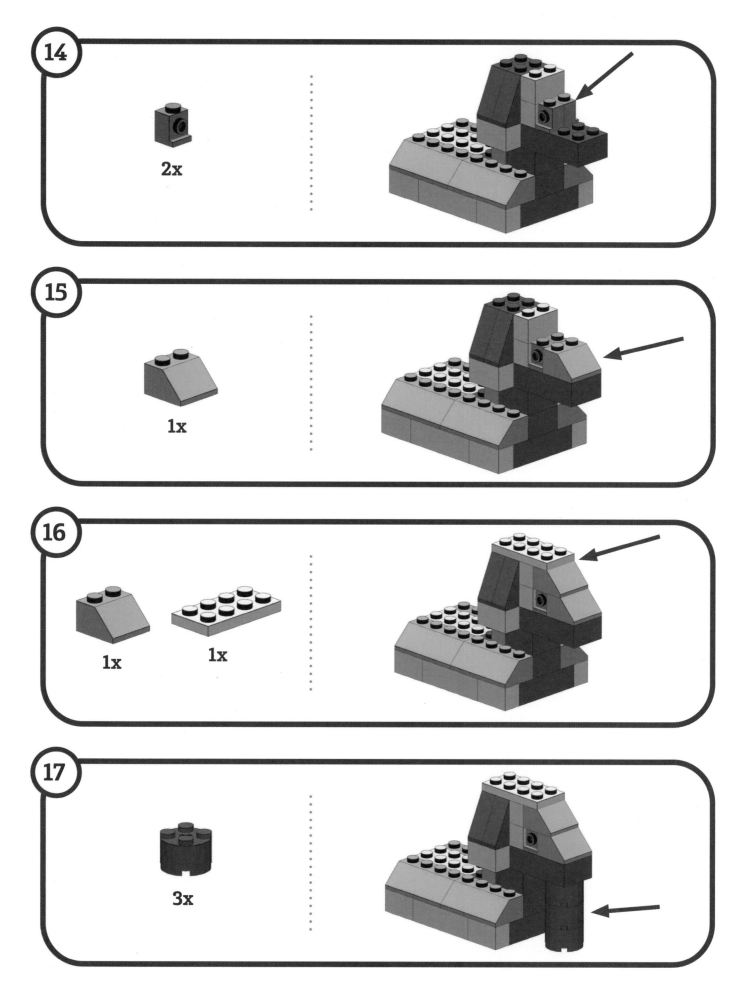

14 2x

15 1x

16 1x 1x

17 3x

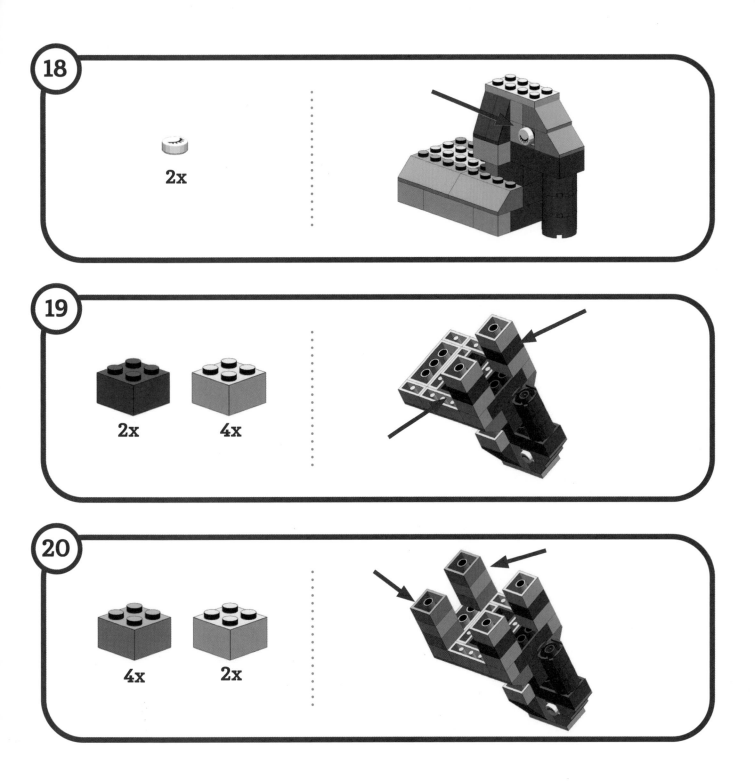

18

2x

19

2x   4x

20

4x   2x

Build a Giraffe

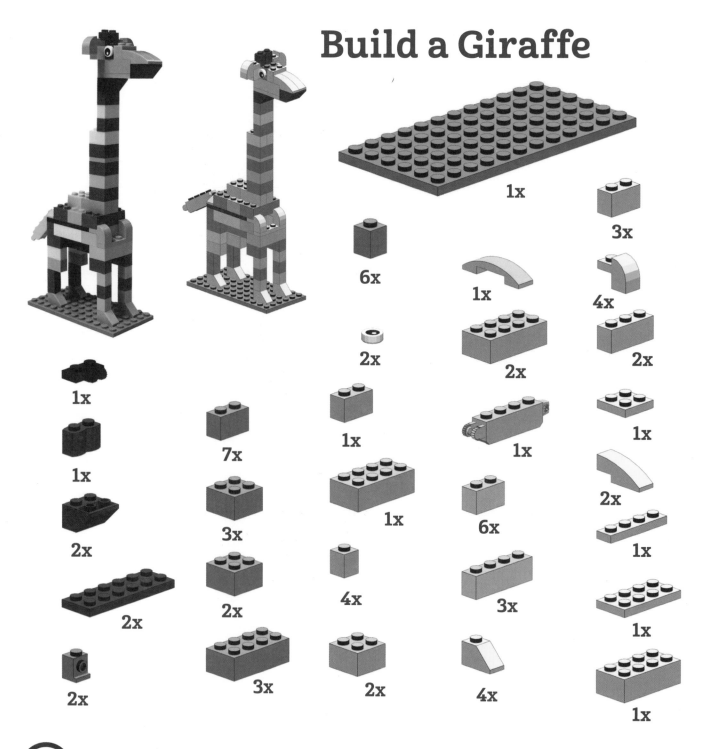

1x

6x

2x

1x

3x

1x

1x

1x

2x

7x

1x

3x

2x

1x

2x

4x

1x

2x

2x

6x

1x

1x

3x

4x

3x

3x

1x

1x

3x

2x

4x

1x

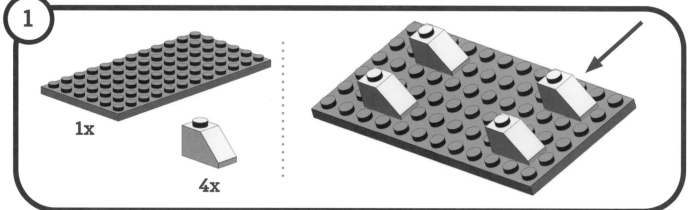

1x 4x

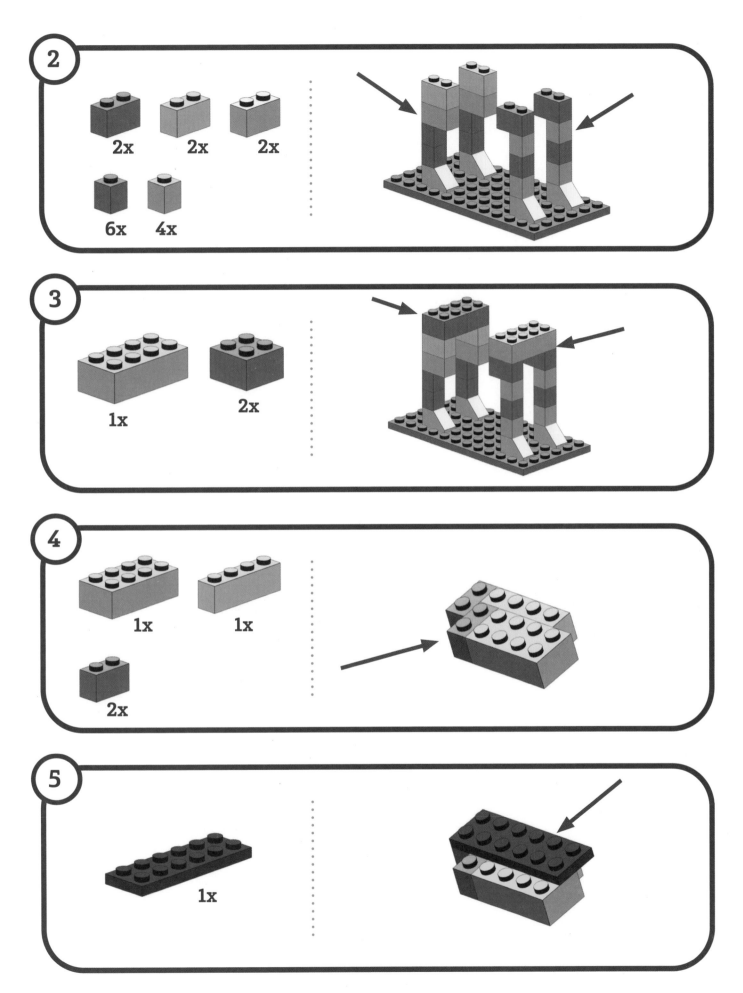

2

2x 2x 2x

6x 4x

3

1x 2x

4

1x 1x

2x

5

1x

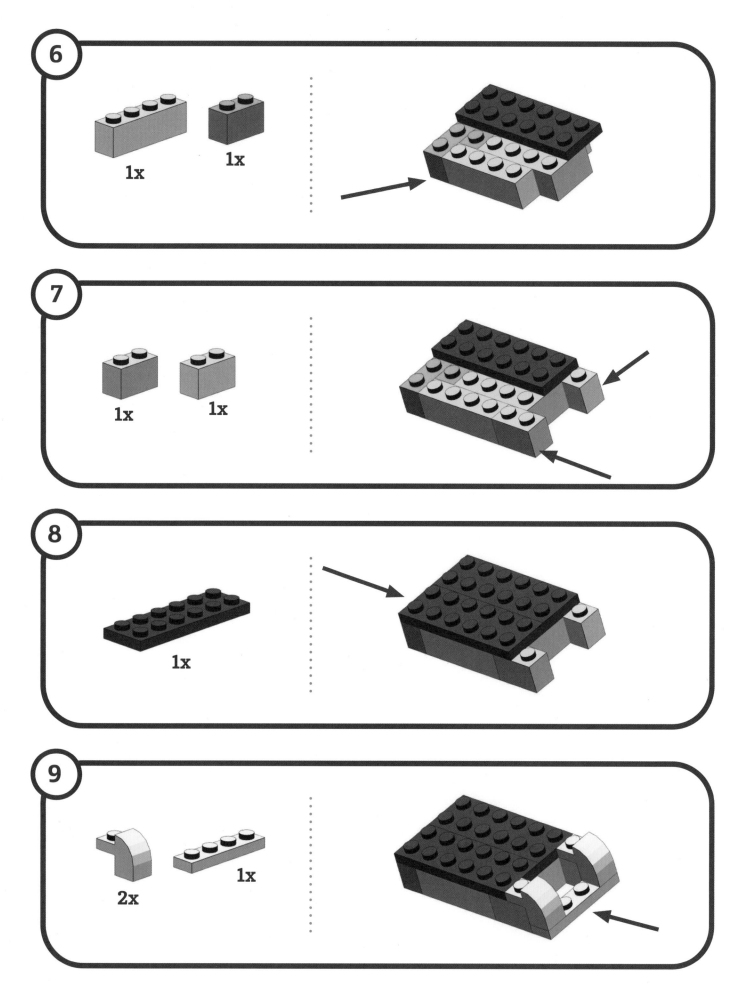

6

1x 1x

7

1x 1x

8

1x

9

2x 1x

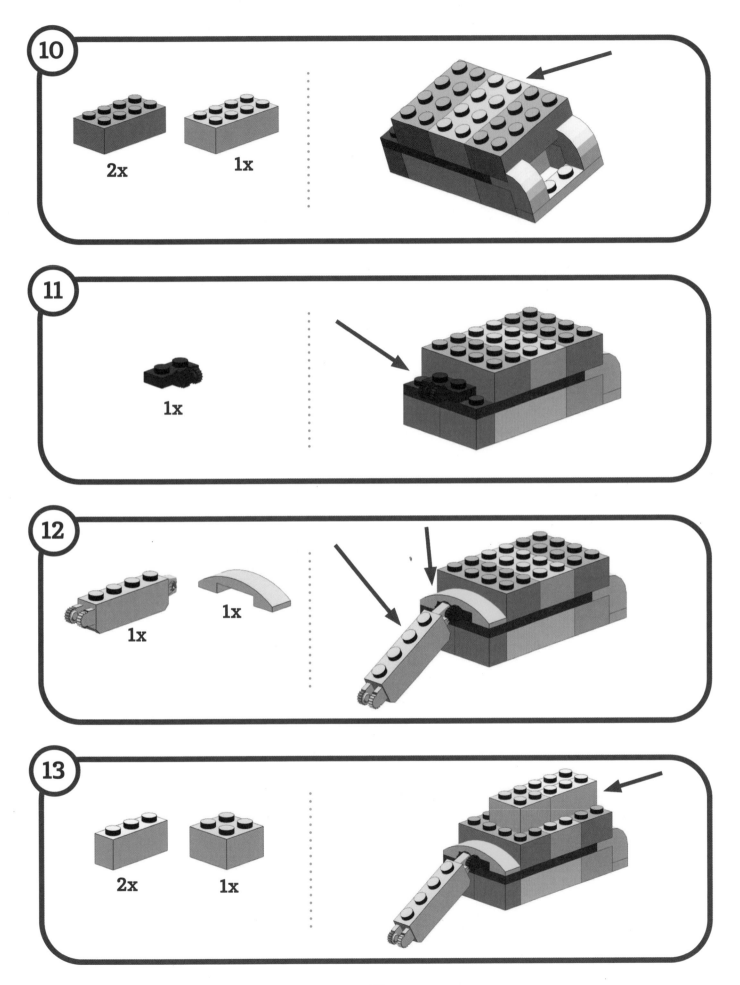

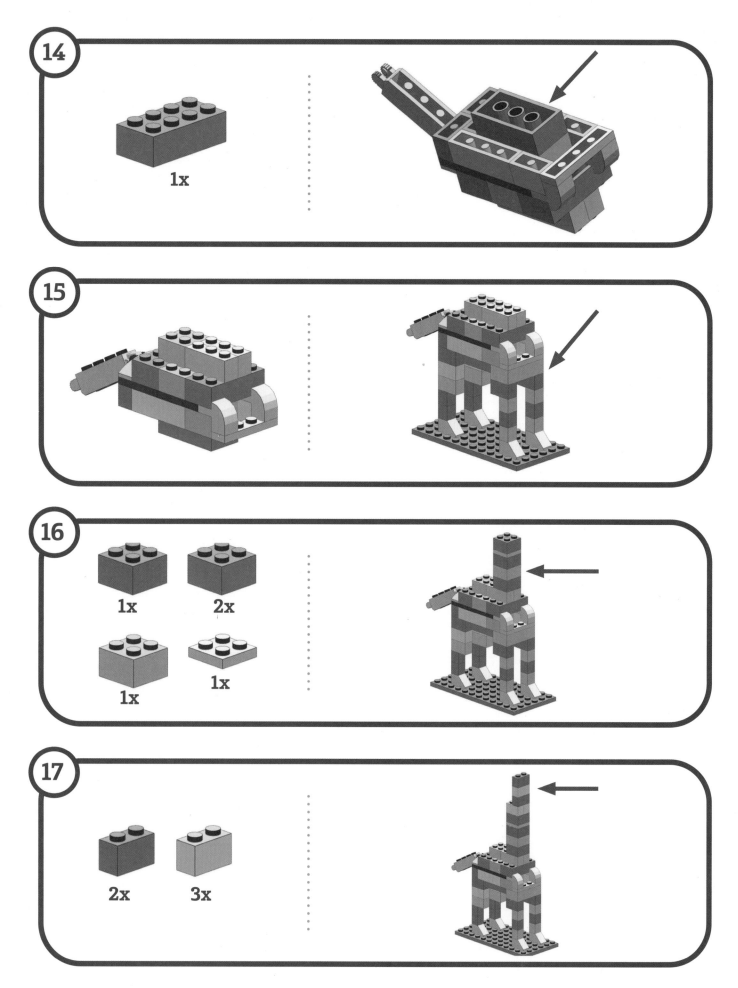

14

1x

15

16

1x
2x
1x
1x

17

2x
3x

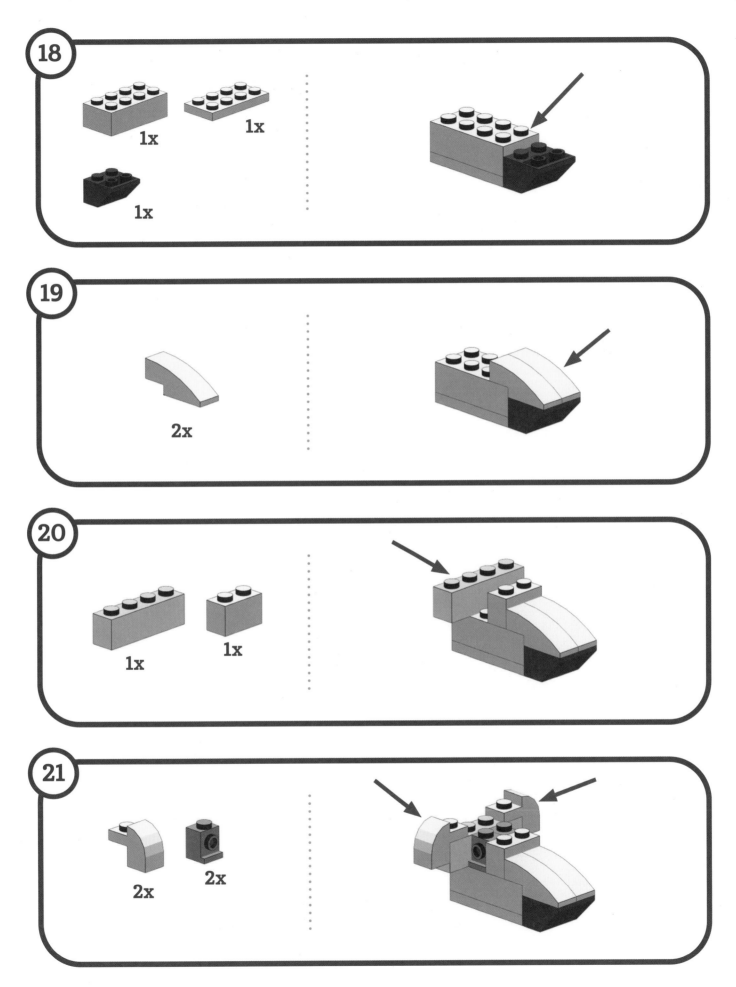

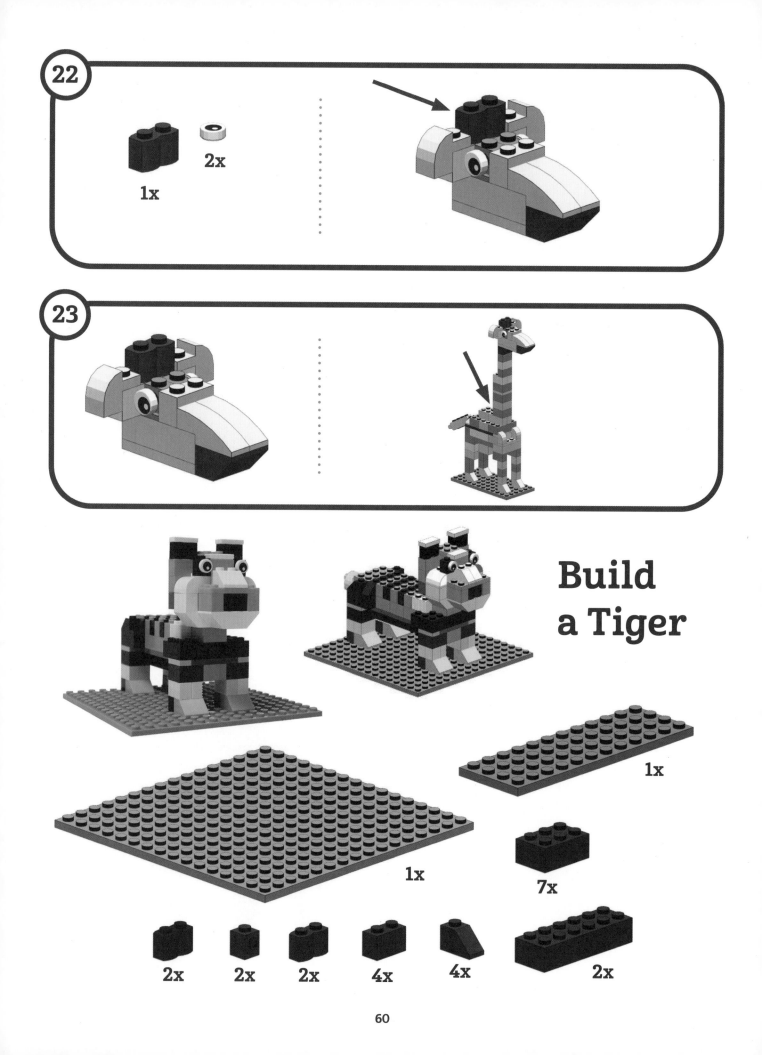

22

2x

1x

23

Build a Tiger

1x

1x

7x

2x 2x 2x 4x 4x 2x

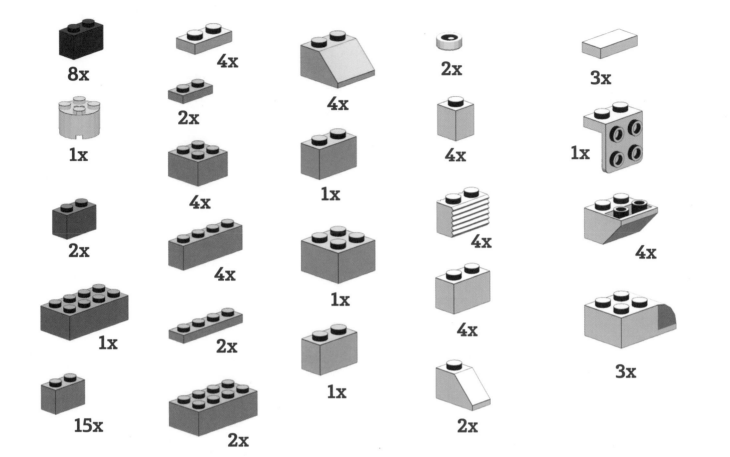

8x

1x

2x

1x

15x

4x

2x

4x

4x

2x

4x

1x

1x

1x

2x

2x

4x

4x

4x

1x

3x

1x

4x

3x

1

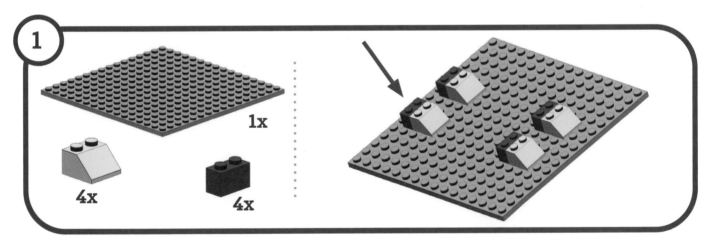

1x

4x

4x

2

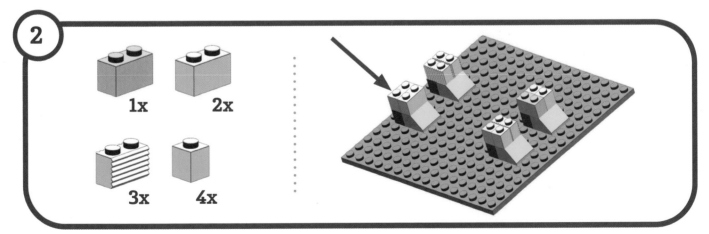

1x   2x

3x   4x

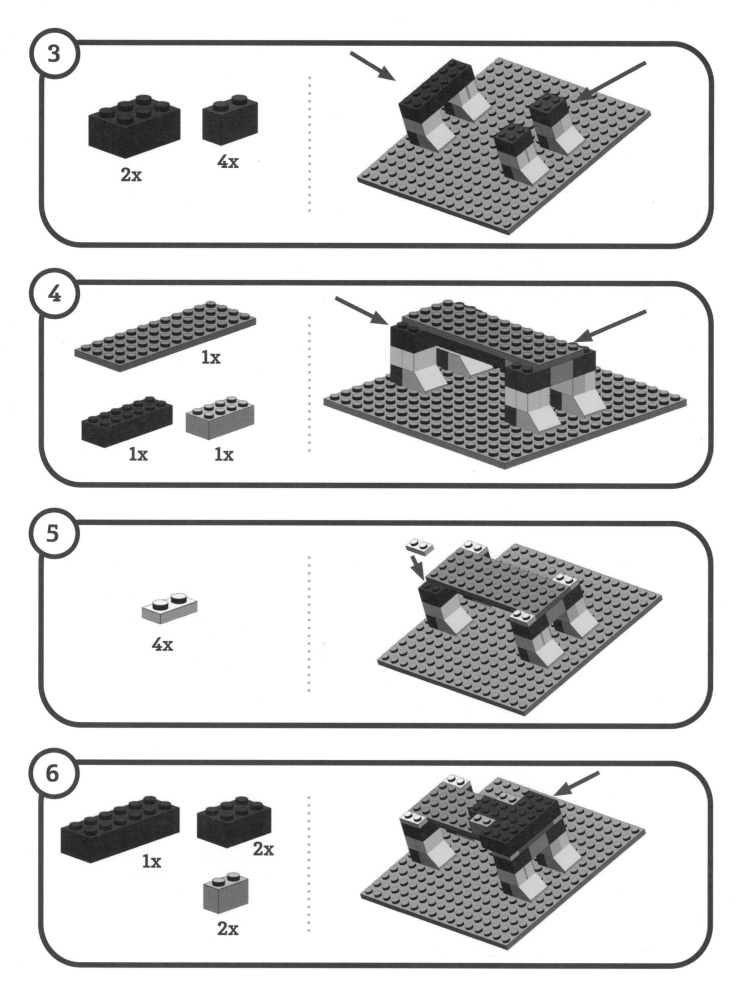

3

2x   4x

4

1x

1x   1x

5

4x

6

1x   2x

2x

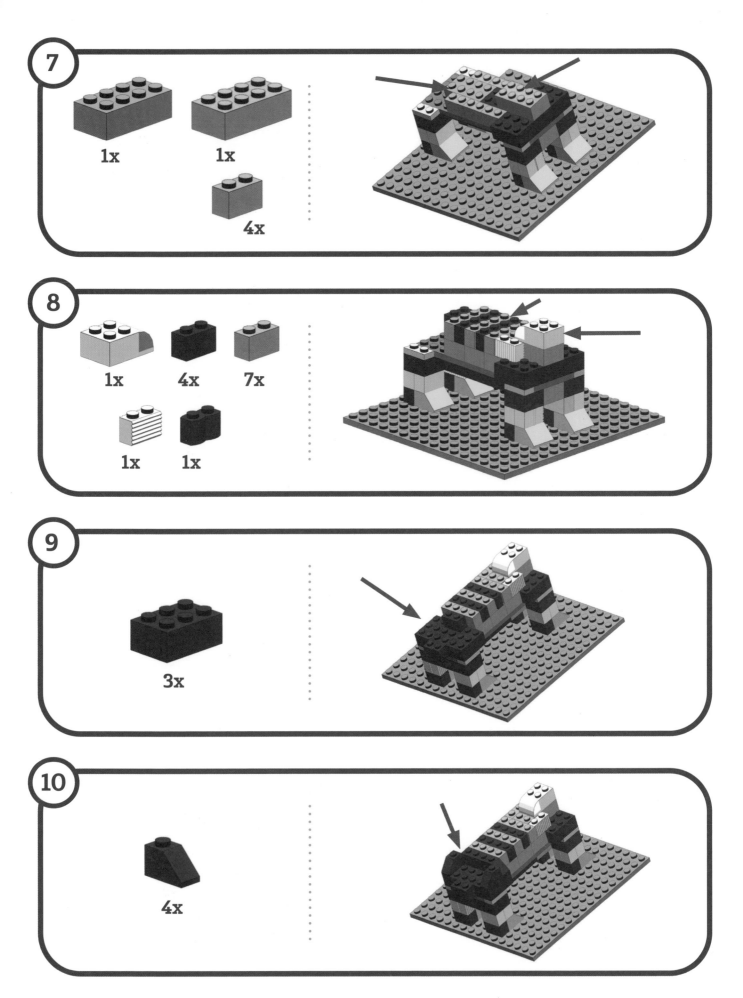

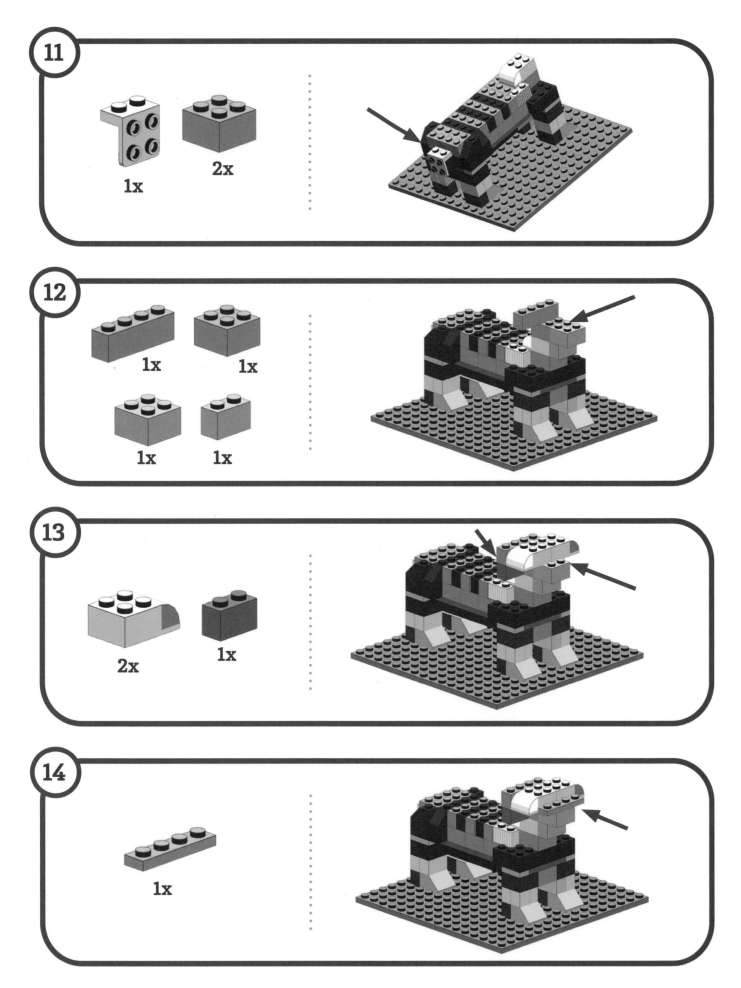

11

1x　　2x

12

1x　　1x

1x　　1x

13

2x　　1x

14

1x

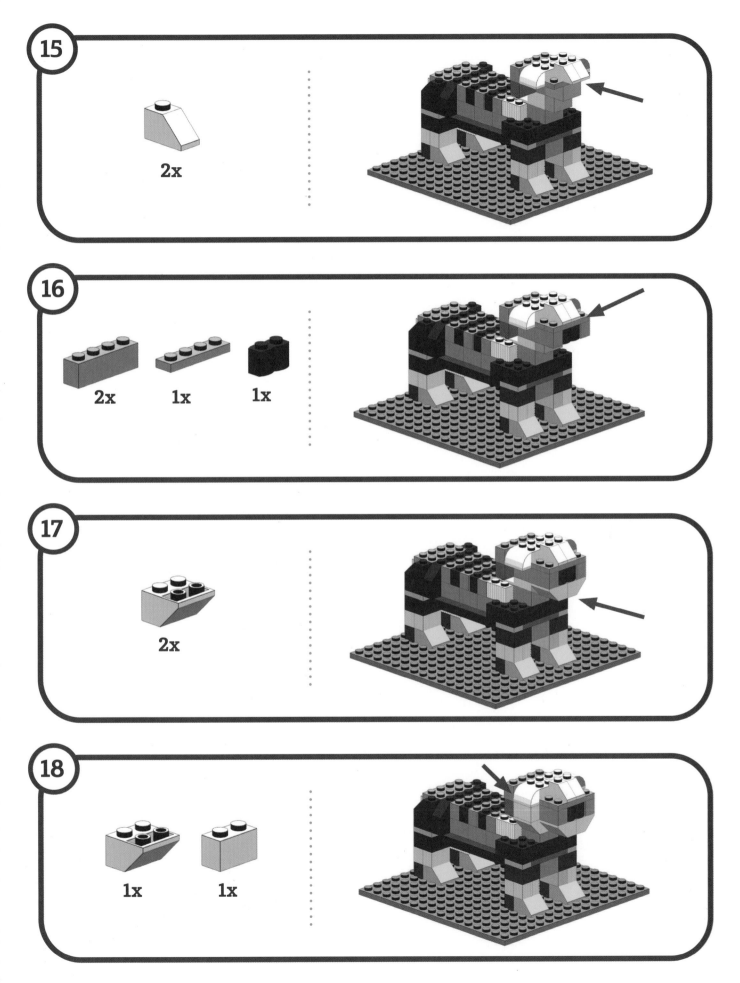

15 2x

16 2x 1x 1x

17 2x

18 1x 1x

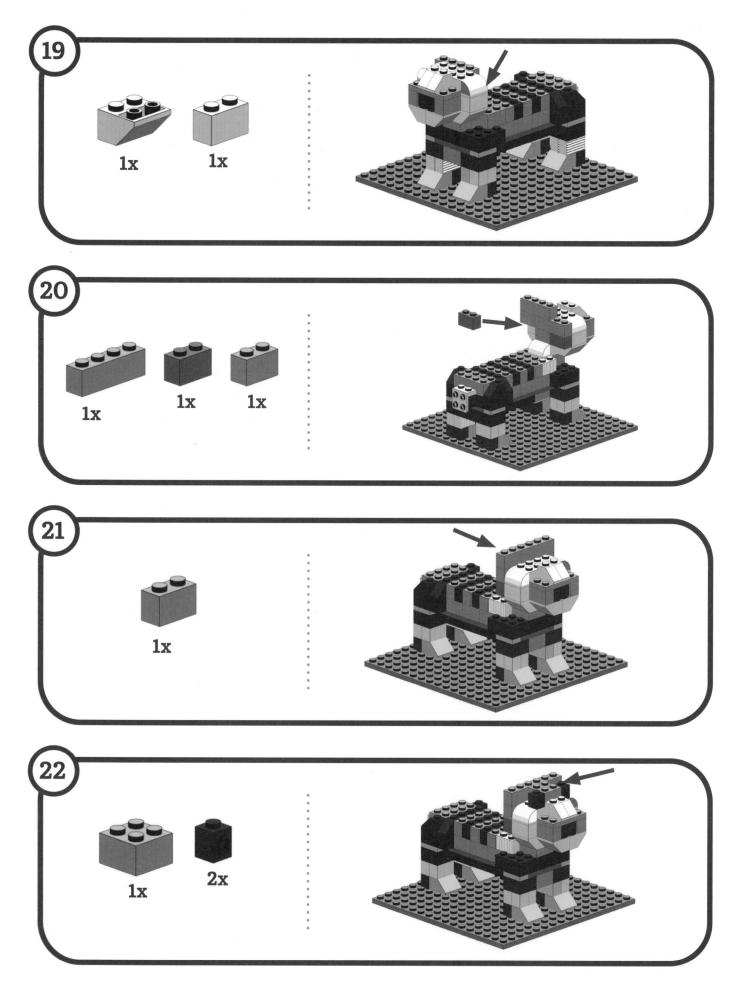

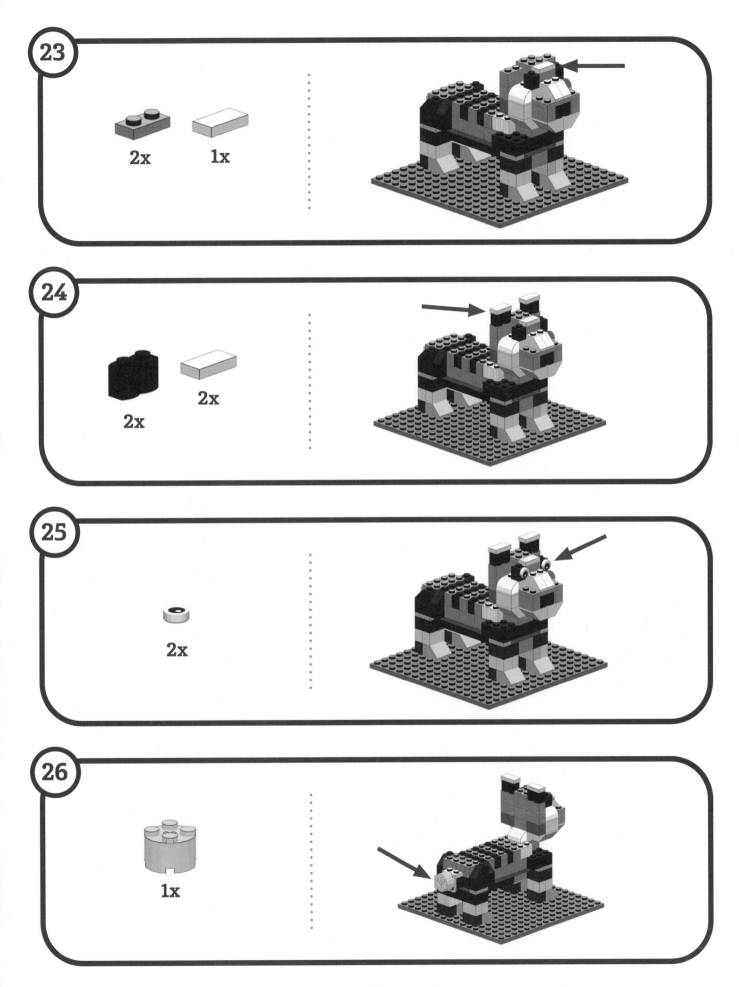

23 2x 1x

24 2x 2x

25 2x

26 1x

School Scene

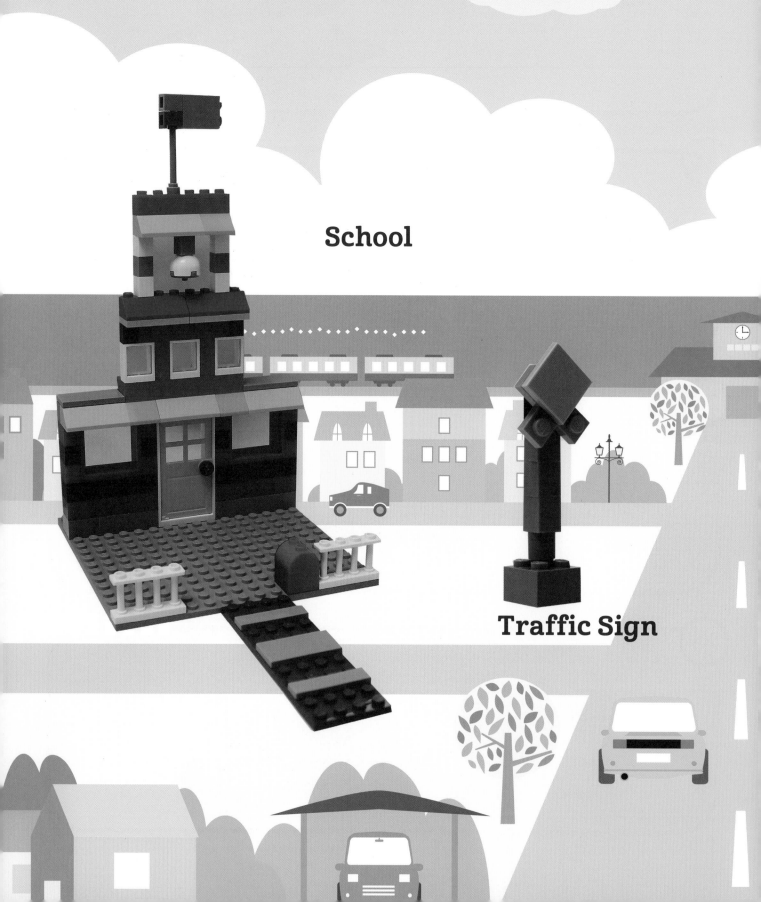

School

Traffic Sign

Traffic
Light

School Bus

Build a Traffic Light

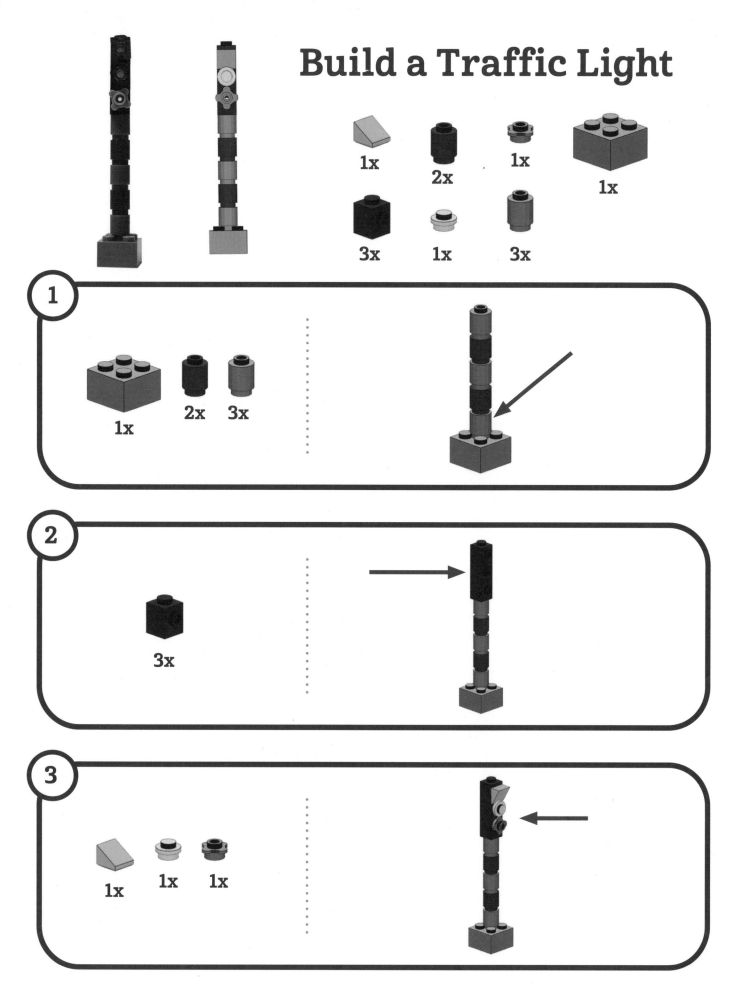

1
1x 2x 3x

2
3x

3
1x 1x 1x

Build a School Bus

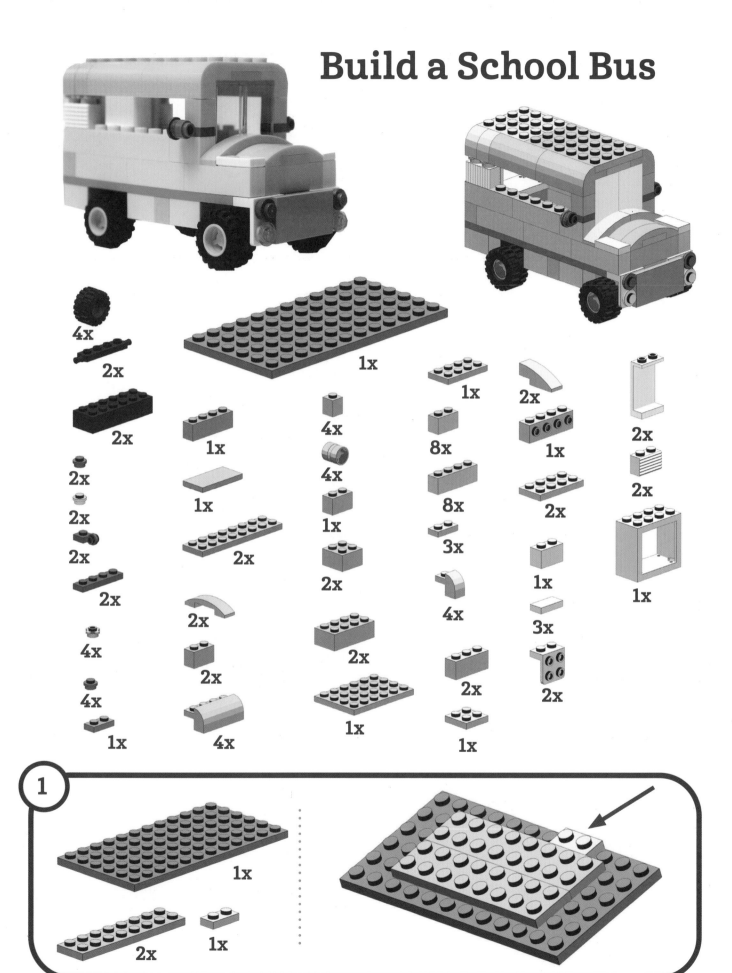

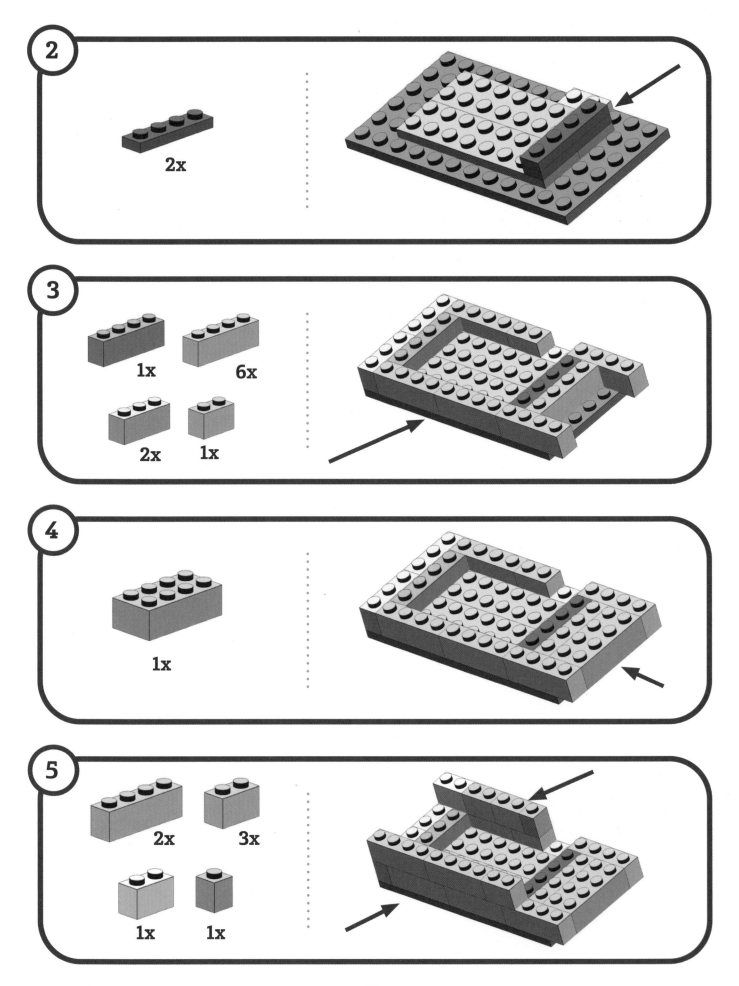

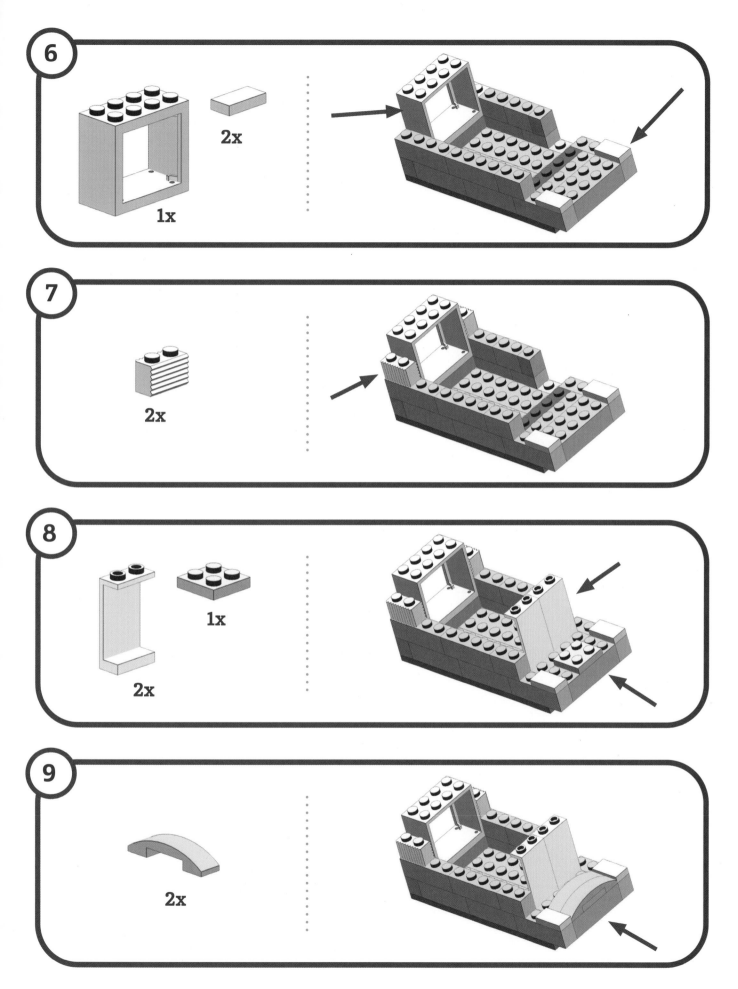

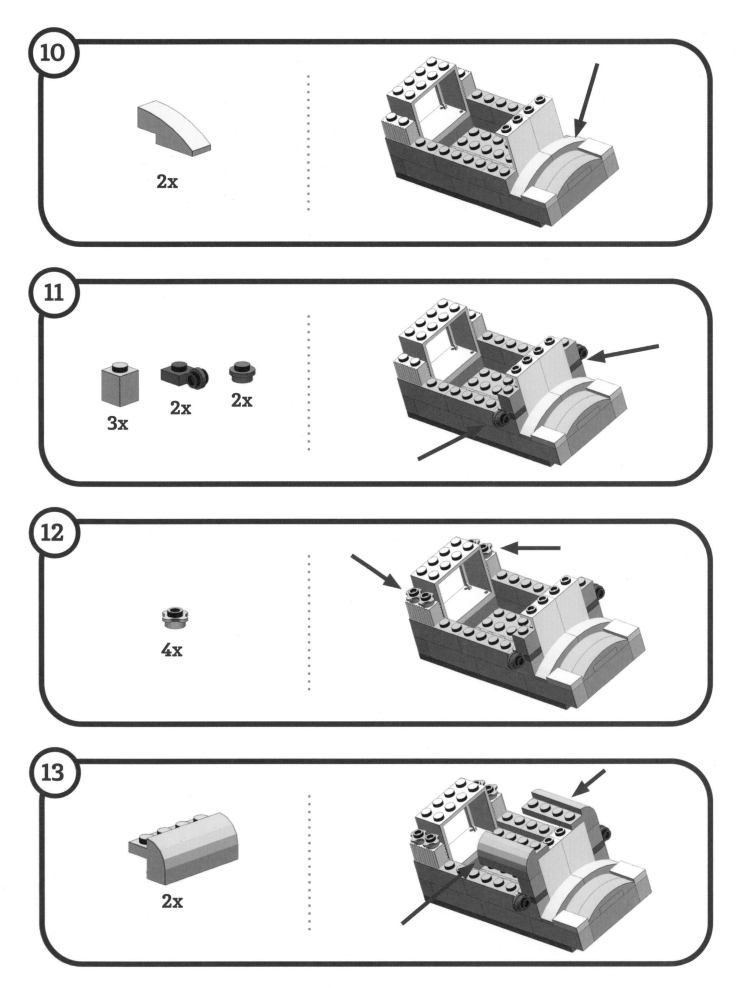

10

2x

11

3x 2x 2x

12

4x

13

2x

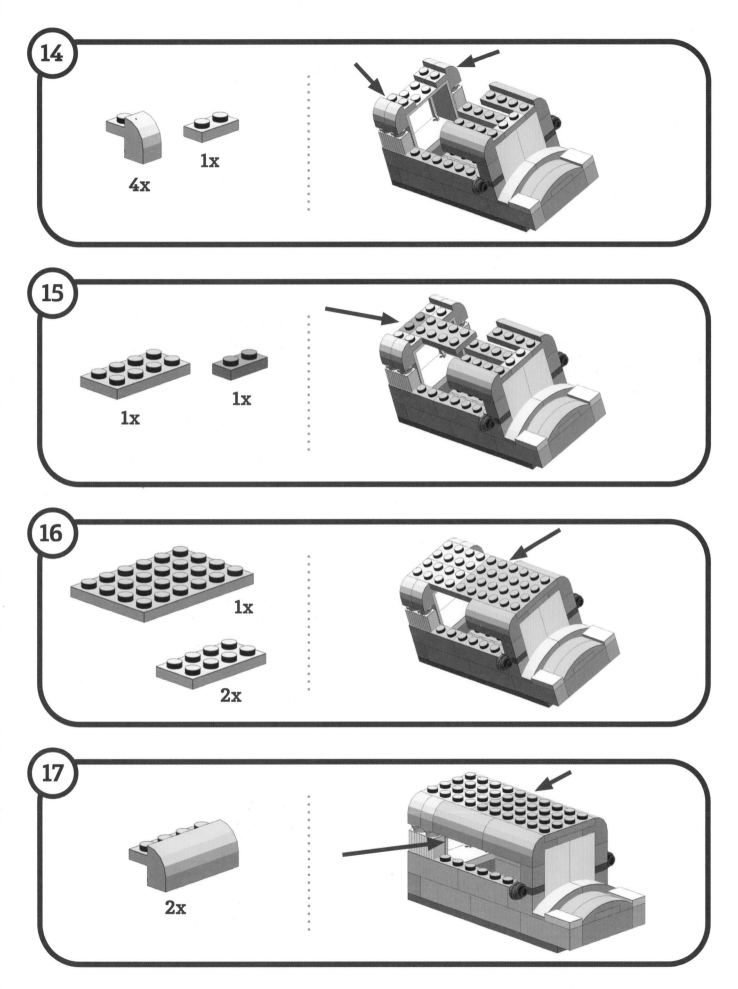

14

4x 1x

15

1x 1x

16

1x 2x

17

2x

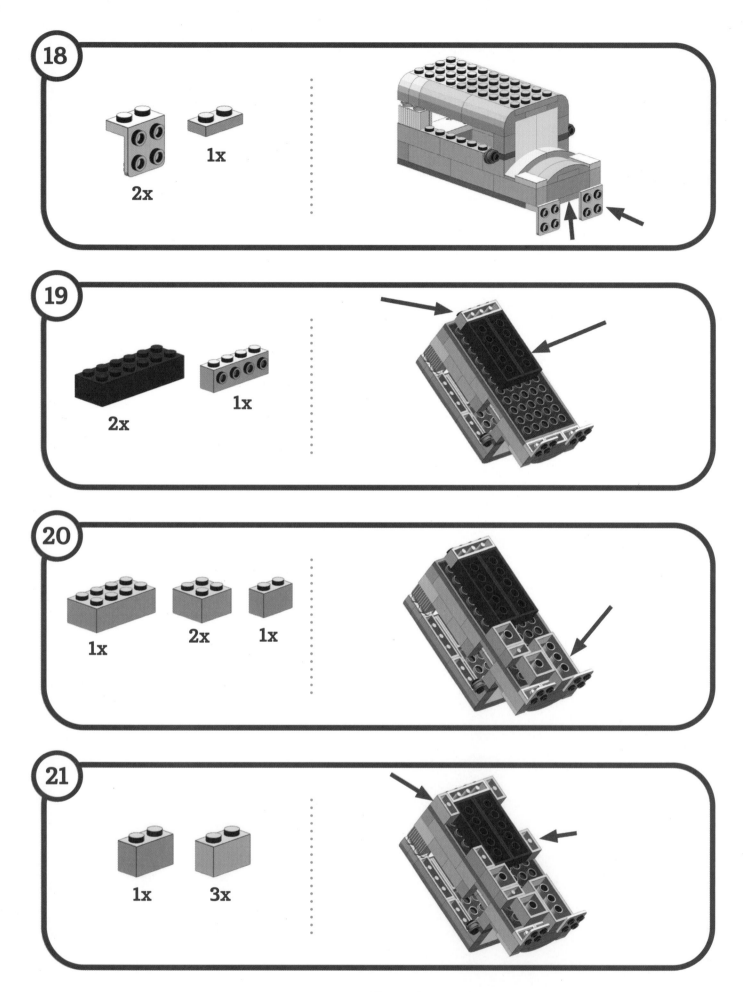

18

2x   1x

19

2x   1x

20

1x   2x   1x

21

1x   3x

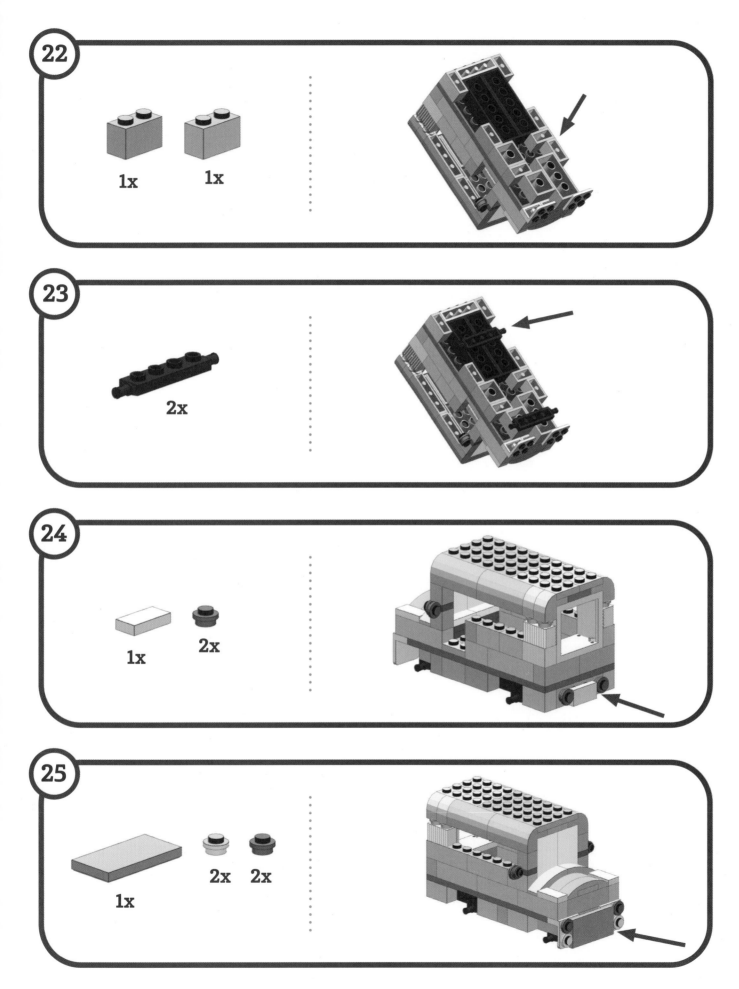

26

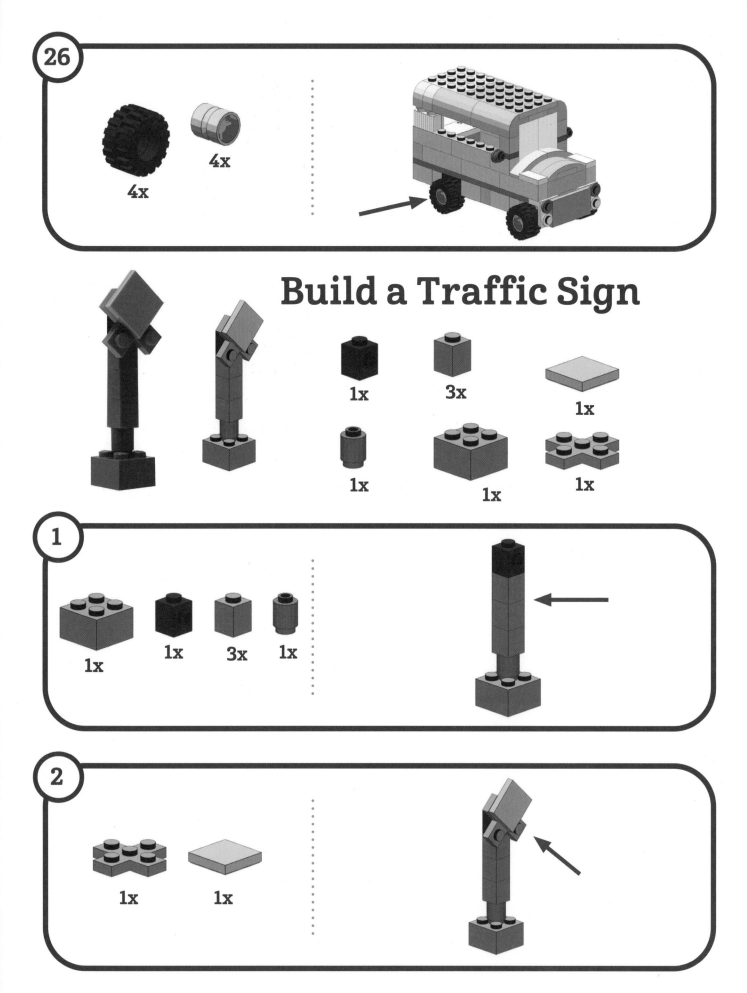

4x

4x

4x

Build a Traffic Sign

1x

3x

1x

1x

1x

1x

1

1x

1x

3x

1x

2

1x

1x

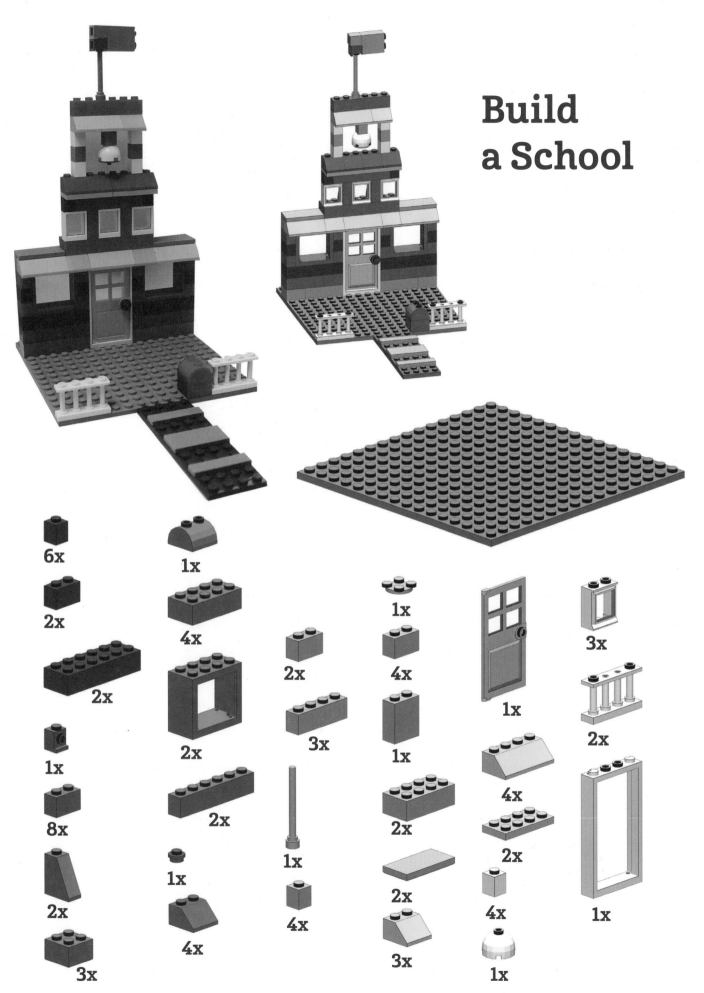

Build a School

6x

1x

2x

4x

2x

2x

1x

3x

1x

1x

8x

2x

2x

2x

2x

1x

3x

1x

4x

2x

2x

1x

4x

4x

3x

2x

4x

2x

2x

3x

4x

1x

1x

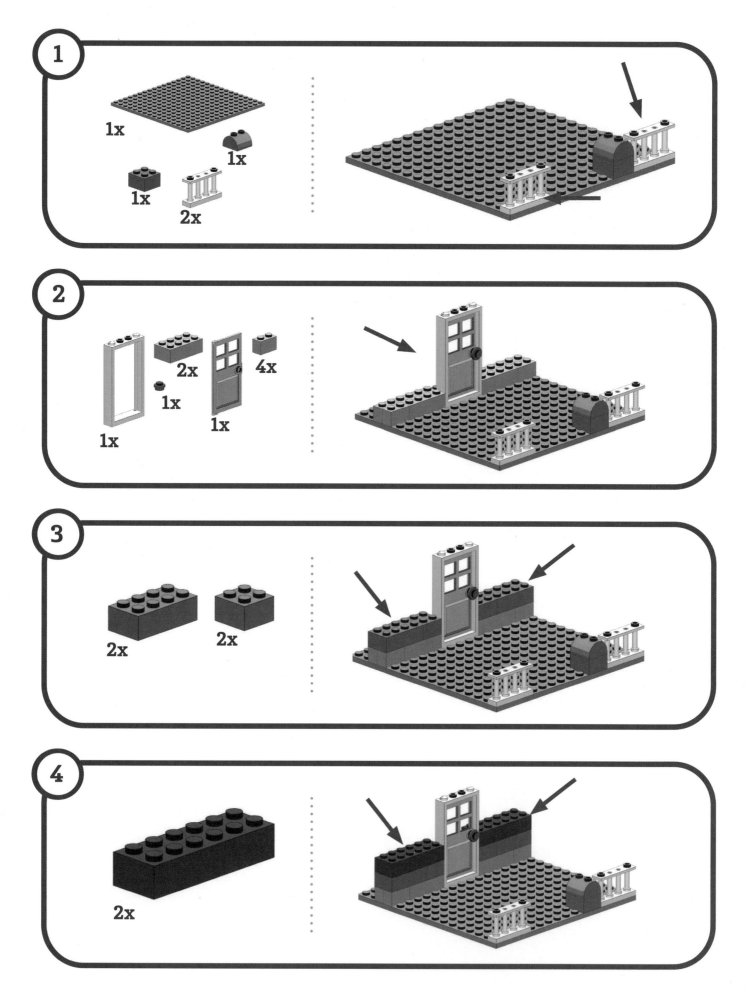

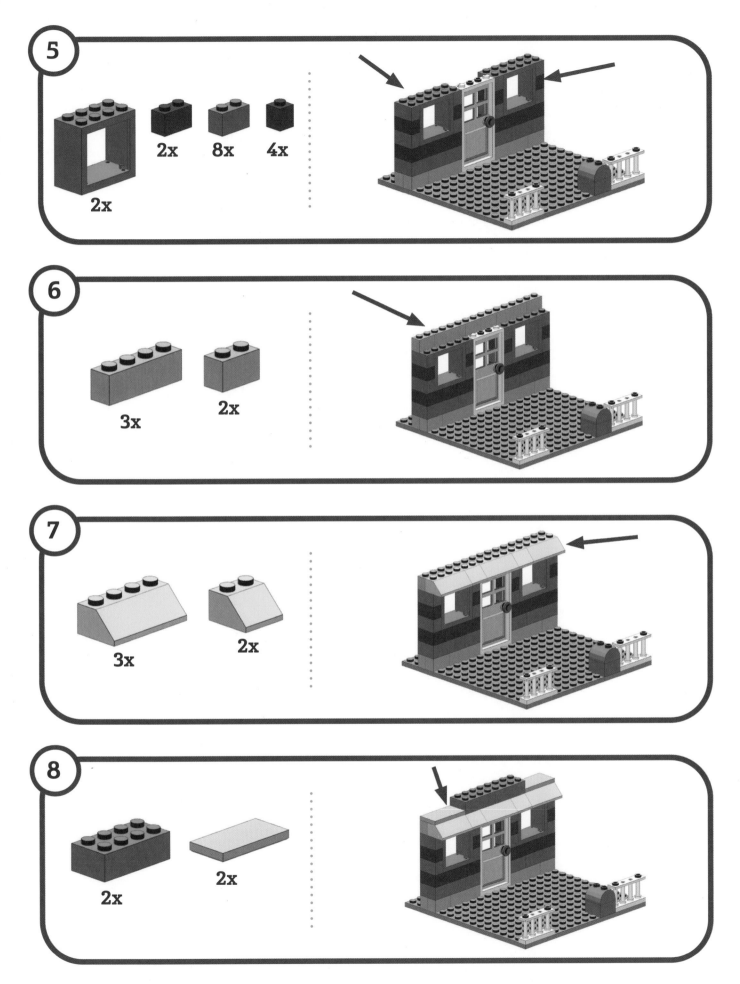

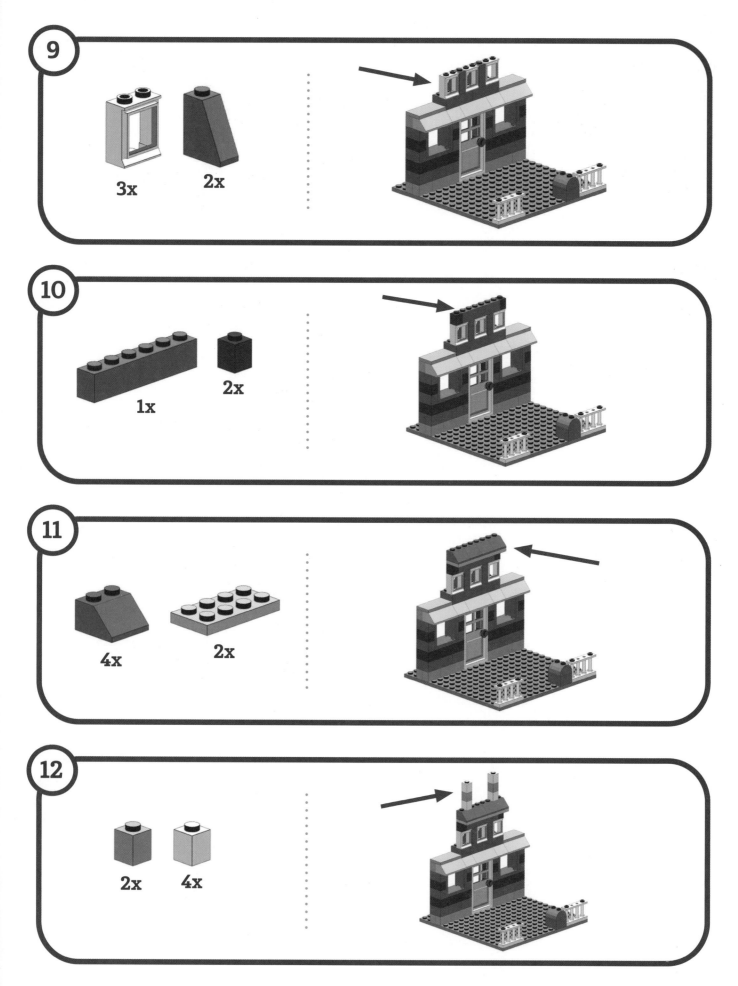

9

3x 2x

10

1x 2x

11

4x 2x

12

2x 4x

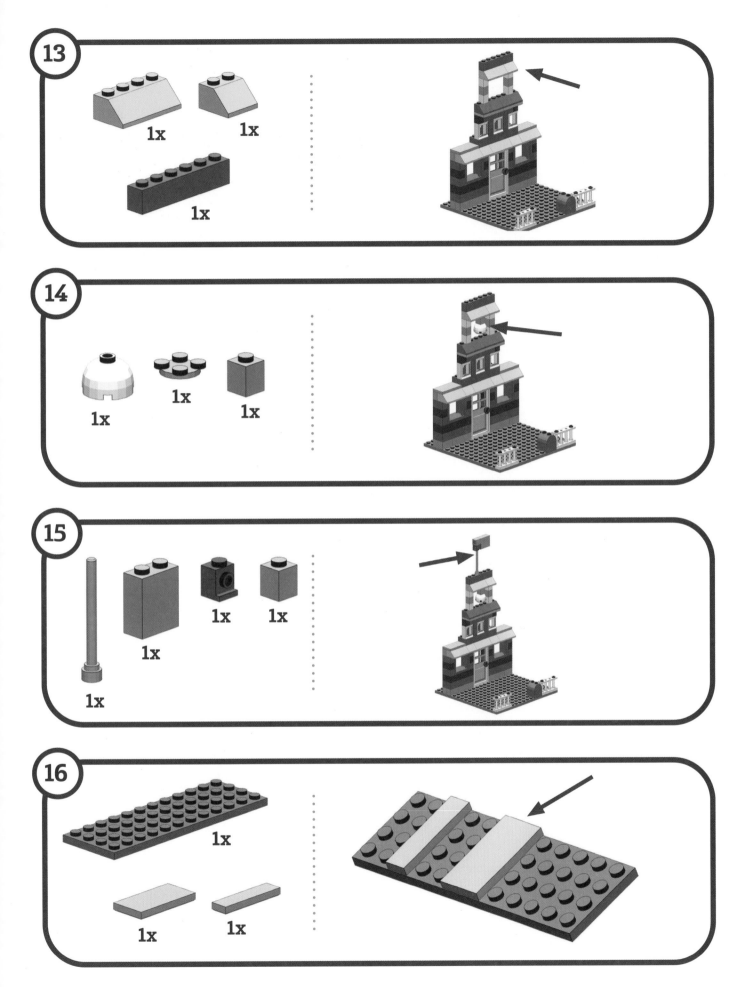

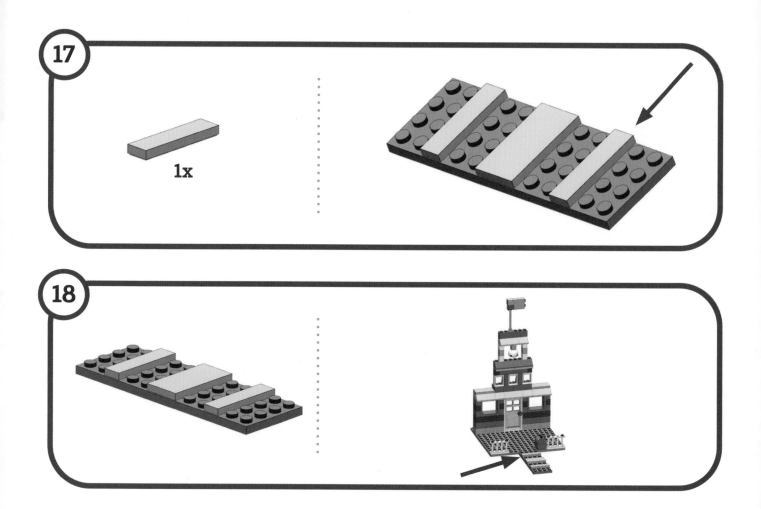

Library of Congress Control Number: 2016946780
International Standard Book Number: 978-1-943328-82-6 (paperback)
978-1-513260-40-2 (e-book) | 978-1-513260-44-0 (hardbound)

Printed in China
First offset printing 2021

Designer: Vicki Knapton

Graphic Arts Books
An imprint of

WEST
MARGIN
PRESS

WestMarginPress.com

Proudly distributed by Ingram Publisher Services

The following artists hold copyright to their images as indicated: Airport Adventure
on front cover, pages 6-7: Zubada/Shutterstock.com; City by the Bay and School Scene
on pages 1, 22-23, 68-69: KID-A/Shutterstock.com; African Safari on front and back
covers, pages 42-43: GraphicsRF/Shutterstock.com.

The author thanks the LDraw community for the parts database it
makes available, which is used for making instructions found in the book.
For more information on LDraw, please visit ldraw.org.

Make sure your Build It! library is complete

 ◯ **Volume 1**

 ◯ **Volume 2**

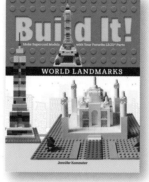 ◯ **World Landmarks**

 ◯ **Things that Fly**

 ◯ **Things that Go**

 ◯ **Things that Float**

 ◯ **Robots**

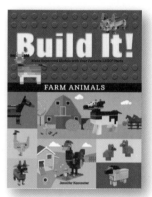 ◯ **Farm Animals**

 ◯ **Dinosaurs**

 ◯ **Trains**

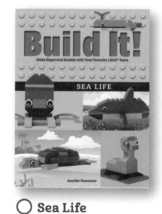 ◯ **Sea Life**

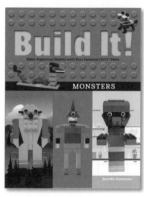 ◯ **Monsters**

 ◯ **Wild West**

 ◯ **Medieval World**

 ◯ **Race Cars**

 ◯ **Christmas**

Visit WestMarginPress.com for more titles in the series